Narzissmus erkennen und verstehen

Wie Du Narzissten in Deinem Umfeld identifizierst, mit ihnen umgehst und Dich schützen kannst

Teil der Buchreihe
"Erkennen & Verstehen"

Andrea Ellis

WIDMUNG

Finde den **Mut** für die Veränderung, die Du Dir
wünschst,

die **Kraft** es durchzuziehen

und den **Glauben** daran, dass sich alles zum
Besten wenden wird!

Inhaltsverzeichnis

Vorab

Liebe Leserinnen und Leser,

schön, dass Du Dich für diesen Ratgeber entschieden hast. Er wird Dir helfen, das komplexe Thema „Narzissmus" zu verstehen – in all seinen Facetten. Dabei ist er für alle Wissensstufen geeignet, vom kompletten Laien bis hin zu Menschen, die bereits Kenntnisse darüber besitzen. Egal, welche Vorkenntnisse Du hast, Du wirst sicherlich noch Fakten entdecken sowie Zusammenhänge verstehen, die Dir bislang unbekannt waren.

Ziel dieses Ratgebers ist es dabei, Dich dazu zu bringen, Eigenverantwortung für Dich und Dein Leben zu übernehmen. Zu diesem Zweck findest Du im Text wichtige Infos darüber, wie Du die nächsten Schritte selbst gehst und wie Du sie wählen solltest. Und bitte komm schnell ins Handeln! Wenn Dir wirklich an einer nachhaltigen Veränderung gelegen ist, dann beherzige die „72 Stunden Regel". Diese besagt: Du wirst nur die guten Vorsätze und Pläne wirklich umsetzen, die Du innerhalb dieser Frist angehst.

Dieser Ratgeber bietet Dir eine gesunde Mischung aus Praxis und Theorie, dabei ist er mit Absicht kurzgehalten und soll Dir nur die Informationen vermitteln, die wirklich wichtig sind und Dir effektiv weiterhelfen. Willst Du mehr in die Tiefe gehen, so findest Du Anregungen zum Weiterlesen im ausführlichen Quellenverzeichnis.

Falls Du noch Anregungen zum Thema hast oder findest, dass ein Punkt ergänzt werden sollte, würde ich mich über konstruktive Verbesserungsvorschläge sehr freuen. Des Weiteren wäre es prima, wenn Du Dir kurz die Zeit nimmst und eine Rezension dieses Ratgebers hinterlässt. Ein ehrliches Feedback freut nicht nur mich, sondern ist auch eine gute Handhabe für andere Leser. Schließlich kauft niemand gerne die Katze im Sack.

Bitte denke daran, dass diese Texte, Informationen und Hinweise keine Beratung oder Empfehlung darstellen. Sie wurden nach bestem Wissen und Gewissen aus öffentlichen Quellen zusammengetragen. Der Inhalt dieses Buches dient der Bildung und Veranschaulichung. Eine Haftung für Richtigkeit und Vollständigkeit wird nicht übernommen. Solltest Du den Informationen folgen, handelst Du eigenverantwortlich.

Alles Liebe und ganz viel Stärke!
  Andrea

Einleitung

Ich! Ich! Ich!

Hast Du in Deinem Umfeld auch einen Menschen, der genau so tickt? Ist es ein Vorgesetzter, ein Familienmitglied oder Freund – oder noch schlimmer: Dein*e Partner*in? Wie ist das für Dich? Kommst Du damit klar oder fühlst Du Dich etwa so:

- genervt …
- manipuliert …
- missachtet …
- abgelehnt …
- kleingemacht …
- ausgenutzt oder sogar ausgebeutet …
- gedemütigt?

Dann könnte es sein, dass Du in die Fänge eines Narzissten geraten bist. Und genau das tut Dir gar nicht gut. Deshalb solltest Du Dich schnellstmöglich wieder aus der erdrückenden Umklammerung befreien und Dir Dein unbeschwertes Leben zurückholen. Ein erster Schritt auf dem Weg zurück in die Autonomie ist dieser handliche Ratgeber.

Vermutlich warst Du anfangs sogar maßlos begeistert davon, den Narzissten kennenzulernen – so faszinierend und schillernd wie er war, selbstsicher und immer mit einem witzigen Spruch auf den Lippen. Doch mit der Zeit hast Du erkennen müssen, dass hinter der strahlenden Fassade noch etwas Anderes lauert. Und plötzlich hat dieser Mensch gezeigt, was wirklich hinter seiner beeindruckenden Maske steckt – ein waschechte Narzisst und Egomane, der Leute manipuliert, ohne auch nur einen Hauch von schlechtem Gewissen zu empfinden. Das kann sogar bis zu deiner psychischen Zerstörung gehen.

Dieser Ratgeber hält zahlreiche wichtige Hintergrundinfos für Dich bereit, wenn genau so ein Mensch sich in Deinem Leben befindet. Du erfährst kurz und knapp, wie diese extrem ichbezogenen Personen ticken, in welchen Masken sie auftreten und warum sie so selbstsüchtig geworden sind. Und das Wichtigste: Du wirst ebenfalls lesen, wie man sie wieder loswerden kann! Übrigens kann schon eine einzige Frage ausreichen, um einen Narzissten zu entlarven – und die erfährst Du in diesem Buch natürlich.

Mithilfe der zehn Powertipps, in denen alles Wesentliche noch einmal prägnant zusammengefasst ist, schaffst Du es, in einer zunehmend narzisstischer werdenden Umwelt wirklich den Überblick zu behalten. Damit schaffst Du es, endlich das freie und zufriedene Leben zu führen, das Du wirklich verdient hast – ganz ohne Manipulationen oder schlechtes Gewissen.

Alles Narzissmus oder was? Was ist eigentlich Narzissmus?

Der Duden fasst das Phänomen kurz und knapp – fast schon ein wenig lakonisch – zusammen:

Narzissmus: *Substantiv, maskulin* [der]

Bedeutungen:
übersteigerte Selbstliebe, Ichbezogenheit
Synonyme:
Egoismus, Eigenliebe, Selbstsucht

Wenn ein Wort Eingang in den Duden findet, dann handelt es sich um einen Begriff, der im Alltagsdeutsch häufig verwendet wird. Und in der Tat: Während es vor einigen Jahren zwar jede Menge Egoisten gab – haben Narzissten heutzutage Hochkonjunktur. Immer wieder und überall ist zu hören, dass jemand ein Narzisst ist oder narzisstische Charakterzüge aufweist. Meist geht es dann um jemanden, der extrem selbstverliebt und egozentrisch ist. Aber was genau bedeutet das eigentlich?

Vielleicht hast Du schon von der Geschichte der griechischen Sagengestalt Narziss gehört, auf die die Bezeichnung zurückgeht. Es existieren mehrere Versionen davon, doch die bekannteste ist vermutlich diese:

Narziss ist ein blendend aussehender junger Mann mit unendlich vielen Möglichkeiten – vor allem natürlich in Liebesdingen. Die Frauen sind verrückt nach ihm, vor allem aber die Nymphe Echo. Weil er sich aber kein Bisschen für die junge Dame interessiert, stirbt sie aus unerfüllter Liebe (nur ihre schwache Stimme, das Echo, bleibt zurück). Weil eine Göttin das gar nicht witzig findet, belegt sie Narziss quasi mit einem Fluch: nämlich der extremen Selbstverliebtheit. Als er danach in einen Teich blickt, sieht er sein Spiegelbild und ist schockverliebt in sich selbst. Narziss kann nur noch dasitzen und sich selbst betrachten. Als er schließlich versucht, sein Spiegelbild zu küssen, ertrinkt er.

Soweit die Sage, die tatsächlich einen ganz speziellen Typus Menschen sehr treffend beschreibt: Personen, die äußerst anziehend auf andere wirken – aber nur sich selbst lieben und wertschätzen können. Andere Leute gehen sogar an ihnen zugrunde, doch letztlich zerstört sein Verhalten auch den Narzissten selbst.

Klingt nicht gut – ist es auch im alltäglichen Leben nicht! Das spüren die Menschen deutlich, die einmal in den Bannkreis eines Narzissten gerieten oder gerade geraten sind. Du auch? Anfangs ist man wie geblendet von diesen charmanten, strahlenden, intelligenten Menschen, die natürlich stets der Mittelpunkt einer Party sind oder auch sonst, wo mehrere Leute zusammenkommen. Mit ihrem einnehmenden Wesen und der witzigen Plauderei sind diese Personen unglaublich anziehend – und jeder, der es schafft, dass dieser attraktive Mensch ihn beachtet, ist überglücklich und hat den Eindruck im Himmel zu sein. Anfangs jedenfalls. Denn irgendwann kann oder muss der über die Maßen selbstverliebte Mensch die Fassade nicht weiter aufrechterhalten. Dann schlägt die Sache plötzlich um und es wird deutlich, dass der

Narzisst keinerlei Einfühlungsvermögen in andere Menschen hat und auch kein echtes Interesse an ihnen. Er benötigt sie nur als Bewunderer, als Publikum, das ihn in seiner Großartigkeit bestätigt. Und dann schreckt der Narzisst auch nicht mehr vor Manipulationen, Tricksereien, ja selbst vor Lügen nicht mehr zurück. Dabei saugt er andere Menschen aus wie ein Vampir und lässt sie dann als leere, gedemütigte Hülle zurück – wenn sie es nicht schaffen, sich rechtzeitig in Sicherheit zu bringen.

Ein eigentlich schon krankhaftes Verhalten.
Und genau da haben die modernen Begriffe Narzissmus und narzisstisch auch ihren Ursprung. Sie sind Termini der psychiatrischen bzw. psychologischen Fachsprache, deren Karriere Ende des 19. Jahrhunderts startete. Im Jahr 1898 verwendete der britische Sexualforscher H. Ellis erstmals die Bezeichnung „Narzissmus" für eine sehr weitgefasste Form der Selbstliebe, die sogar Kunst und Dichtung beinhaltete. In den folgenden Jahren nahmen deutsche Psychiater und Sexualforscher den Begriff auf, verwendeten ihn allerdings für eine sexuelle Perversion. Als besonders wichtiger Aspekt galt den Wissenschaftlern dabei die

Selbstbewunderung.

Von einer Persönlichkeitsstörung, also einer seelischen Erkrankung, ist in diesem Zusammenhang erstmals die Rede im Jahr 1913. E. Jones bezeichnete dies damals allerdings noch als „Gottes-ähnlich-Komplex", was aber das Verhalten der meisten Narzissten sehr gut auf den Punkt bringt. Jones listete bereits damals die wesentlichen Verhaltensmerkmale auf: Ruhmsucht, extrem starkes Bedürfnis nach Anerkennung, Neigung zu einer entblößenden Selbstdarstellung, hohe Affinität zu Sprache; manchmal aber auch falsche Bescheidenheit.

1914 legte der „Vater der Psychoanalyse" Sigmund Freud seine Arbeit „Zur Einführung des Narzissmus" vor, in der er erarbeitete, dass es zwei unterschiedliche Stadien des Narzissmus gibt: einerseits eine normale Entwicklungsphase des Kleinkindes und andererseits eine krankhafte Form im Erwachsenenalter.

In den 70er Jahren wiederum beschäftigte sich die Forschung auch mit dem Innenleben von Narzissten: sie beschrieb vor allem Wut und Neid vor. Außerdem würden sie andere

Personen, mit denen sie in Kontakt treten, anfangs stark idealisieren, um sich so aufzuwerten – anfangs durch die Nähe, später, indem sie den Menschen immer mehr herabwürdigen und sich selbst so erhöhen.

Interessanterweise sickerte die Bezeichnung Narzissmus immer mehr in den alltäglichen Sprachgebrauch ein. Immer wieder ist z.B. zu hören: „Chef xy ist ein extremer Narzisst, der will nur selber glänzen …" – „Xy ist sowas von narzisstisch! Darauf habe ich keine Lust …" Dabei wird schnell klar, dass die Bezeichnung ausschließlich abwertend gebraucht wird. Im Klartext: In vielen Fällen dürfte sie sogar eine Art Diskriminierung darstellen. Ähnlich wie der Ausdruck „hysterisch", der ja ebenfalls ursprünglich ein Fachausdruck war.

Fakt ist: Die Übergänge sind fließend. Häufig werden Menschen schnell fälschlicherweise als Narzissten bezeichnet und damit als „krank" bezeichnet, obwohl sie schlicht und ergreifend in einer Situation einfach nur auf ihren eigenen Vorteil schauen. Ein echter Narzisst oder ein Mensch mit einer narzisstischen Persönlichkeitsstörung ist dagegen ein ganz anderes Kaliber – aber glücklicherweise auch deutlich seltener anzutreffen. Aber wenn, dann ist Gefahr im Verzug!

Fakten: Was wissen wir eigentlich darüber?

Wie bereits erwähnt, gibt es seit mehr als 120 Jahren eine intensive Forschung rund um das Thema Narzissmus bzw. die narzisstische Persönlichkeitsstörung. Das Spannende dabei: Es gibt dennoch kaum gesicherte Erkenntnisse! Letztlich handelt es sich bei allen Aussagen rund um das Innenleben von Narzissten oder die Entstehung dieser Störung strenggenommen „nur" um Theorien oder Beobachtungen, daher sind sie stets mit Vorsicht zu genießen.

Der Grund für diese kaum gesicherten Ergebnisse ist so simpel wie verblüffend: Narzissten fliegen quasi unter dem Radar. Denn während den Menschen in ihrer Umgebung meist schnell klar wird, dass hier etwas nicht stimmt, hat der Narzisst mit sich selbst gar kein Problem. Das liegt in seinem Selbstkonzept. Schließlich ist der Narzisst der Beste, Schönste, Schlaueste … Krank? Gestört? Quatsch, das sind höchstens die anderen! Ein Mensch mit narzisstischer Persönlichkeit wird gar nicht darauf kommen, dass es sinnvoll wäre, einen Therapeuten aufzusuchen. Und falls der Narzisst doch einmal Hilfe sucht, dann meist wegen Co-Erkrankungen wie Ängsten oder Depressionen. Ob man dann in der Therapie zum eigentlichen Kern des „Nicht-Problems" vordringt? Sehr fraglich.

Konsequenterweise gibt es große Abweichungen in den statistischen Angaben, wenn es um die folgende Frage geht: Wie viele Narzissten gibt es?

Bei Erhebungen, deren Basis Menschen sind, die wegen einer psychischen Erkrankung behandelt werden, lautet das Ergebnis: zwischen 2 und 16 %! In Bezug auf die Gesamtbevölkerung pendeln die Schätzungen zwischen 0,4 % oder 5,7 %. Es ist jedoch anzunehmen, dass narzisstische Charakterzüge oder Eigenschaften deutlich häufiger auftreten.

Wirklich vor allem Männer?

Ähnlich unklar ist die Situation in Bezug auf die Frage, ob eher Männer oder eher Frauen zum Narzissmus neigen. Im maßgeblichen amerikanischen Verzeichnis der psychischen Störungen, dem DSM IV – TR, wird davon ausgegangen, dass rund 50-75 % der Narzissten männlich sind und nur gerade einmal 25 % Frauen. Dies wird inzwischen jedoch stark bezweifelt. Vielmehr scheint es so zu sein, dass sich weiblicher Narzissmus in anderen Formen zeigt, die weniger offensichtlich sind. So sind Eigenschaften wie Grandiosität, Betonung des vermeintlichen Erfolgs, fehlende Empathie sowie Aggressivität eher bei Männern zu finden. Allerdings wird zunehmend deutlich, dass Frauen eher raffinierter vorgehen und z.B. zu Mobbing greifen oder sich als „bedauernswertes Opfer" darstellen.

Betrifft besonders „Mittelalte"

Forscher der University of Illinois konnten in einer 2010 veröffentlichen Studie zeigen, dass Narzissmus in den diversen Lebensphasen unterschiedlich stark auftritt. Konkret: Er verändert sich über die Zeit hinweg. Er entwickelt sich bei den Heranwachsenden und erreicht mit Ende Zwanzig und in den Dreißigern seinen Höhepunkt. Mit dem Einsetzen der Wechseljahre verliert die narzisstische Persönlichkeitsstörung offensichtlich an

Brisanz. Vermutet wird, dass die Einschränkungen des Alters die Narzissten deutlich mehr belasten als nicht-narzisstische Menschen.

Weltweite Unterschiede

Übrigens agieren Narzissten unterschiedlich in den verschiedenen Kulturkreisen! Während sie in unserer westlichen Ellenbogengesellschaft eher aggressiv auftreten und ihren vermeintlichen Erfolg vor sich hertragen, ist in Asien z.B. eher ein „versteckter" oder sogar „schüchterner" Narzissmus zu finden. Es wird bewusst vermieden, in der Öffentlichkeit zu selbstbewusst aufzutreten, stattdessen glänzen Narzissten hier mit besonderer Bescheidenheit und besten Manieren. Teilweise zeigt sich sogar eine „moralische" Ausprägung, bei der es darum geht, sich durch einen Lebenswandel abzuheben, der ohne jeglichen Fehl und Tadel ist. Überraschend, nicht wahr?

Jeder mag Narzissten – zumindest anfangs

Dank einer Studie der Uni Leipzig konnte nachgewiesen werden, dass das selbstbewusste Auftreten von narzisstischen Persönlichkeiten auf den ersten Blick sogar sehr gut ankommt. Damit sammelt man offenbar deutliche Sympathiepunkte.

Übrigens werden sie auch tatsächlich von anderen als attraktiver beurteilt – und halten sich nicht nur dafür (laut einer Studie der Studie von Nicholas Holtzman und Michael Strube von der Washington Universität aus 2019).

Sprache ist ihr Ding – auch gerne deftig

Seit 2007 ist es nun auch wissenschaftlich belegt: Narzissten haben eine Vorliebe für Sprache, es ist ihr liebstes Mittel, sie reden deutlich mehr als andere Menschen und halten sich sehr gerne in Gruppen auf. Nicholas Holtzman von der Washington Universität in St. Louis konnte zudem nachweisen, dass Narzissten besonders gerne Schimpfwörter verwenden.

Geborene Chefs

Gerade im Job drängt sich gerne mal das ungute Gefühl auf, dass in den Führungsetagen nur Narzissten sitzen … Das ist kein Gefühl - das stimmt sogar. Ein Forscherteam der Universität Ohio führte 2008 zu diesem Thema Tests durch und fand Erstaunliches heraus: Bei den Arbeitsgruppen nahmen die narzisstischen Persönlichkeiten gerne das Ruder in die Hand, im Gegenzug galten sie den anderen Beteiligten auch häufig als natürliche Anführer der Gruppe.

Rampenlicht und Narzissten – läuft!

Promis sind deutlich narzisstischer als der Durchschnitt der Bevölkerung; Spitzenwerte bei den Tests des US-Psychiaters Drew Pinsky von der Keck School of Medicine im Jahr 2006 erreichten dabei die Stars von Reality-TV-Formaten. Erst dann folgen Komiker, Schauspieler und Musiker.

Kritik? Nicht mit mir!

So könnte man die Reaktion von Narzissten auf Kritik zusammenfassen. Selbst wenn diese konstruktiv geäußert wurde, provozierte sie Wut und das Gefühl von Scham (laut einer Studie im Jahr 1992).

Können Narzissten auch andere wirklich lieben?

Die Antwort darauf ist ein klares „Jein". Keith Campbell interviewte 2002 zahlreiche Narzissten zu dem Thema und ließ sie zudem Aufgaben lösen. Das Ergebnis ist ernüchternd, passt aber ins Bild: Zwar führen Narzissten durchaus ernsthafte Beziehungen – sehen das Ganze aber eher spielerisch. Untreue ist durchaus eine Option.

Mitgefühl können sie wirklich nicht

Eines der wichtigsten Anzeichen für einen Narzissten ist seine weitgehende Unfähigkeit, Empathie für andere Menschen zu empfinden. Hierfür gibt es offenbar eine biologische Ursache: Psychologen um Stefan Röpke von der Charité Berlin haben mittels Magnetresonanztomografen (MRT) Gehirne von 34 Personen untersucht, die Hälfte davon hatte eine diagnostizierte narzisstische Persönlichkeitsstörung. Bei genau diesen

Probanden war die Großhirnrinde auf den Bildern dünner – und genau hier sitzt die sogenannte Inselrinde, wo unser Mitgefühl verortet ist.

Hochinteressant, nicht wahr? Diese Fakten zeigen nämlich ganz klar eins: Auch wenn wir eigentlich nur wenige echte Kenntnisse zum Thema Narzissmus haben, so belegen die vorliegenden Details doch eindrücklich, dass die Vermutungen über narzisstische Menschen zumeist mitten ins Schwarze treffen.

Gesunder Egoismus – oder doch schon Narzissmus?

„Alle denken an sich – nur ich denke an mich" – das war ein klassischer Kalauer aus den 80ern. Auch wenn er erstmal ziemlich platt wirkt, ein Körnchen Wahrheit steckt schon drin. Denn ein gewisses Quäntchen Egoismus ist wichtig im Leben. Wer immer brav ist und sich hinten anstellt oder darauf wartet, dass jemand ihm etwas Gutes tut, der kommt meist zu kurz. Das leckere Essen ist weg, die guten Sitzplätze im Kino sind belegt, die schönsten Hotels zum guten Preis sind bereits ausgebucht. Natürlich steckt auch biologisch ein Sinn dahinter, denn nur diejenigen, die sich auch mal durchboxen und an sich denken, kommen zum Zug: sowohl bei der Nahrung als auch bei der Fortpflanzung. Zumal zu wenig Egoismus auch problematisch ist, denn ohne ein gewisses Maß an Durchsetzungsfähigkeit im Leben geht es nun mal nicht.

Etwas Egoismus und Selbstliebe ist also voll ok – aber ab wann driftet das Ganze ab in Narzissmus? Also eine negative Ausprägung.

Hier macht, wie so oft, die Dosis das Gift. Sprich: Es gibt schleichende Übergänge. Nicht jeder, der in seinem Frust einem anderen den Fehler zuschiebt, ist gleich ein Narzisst. Das gilt ebenfalls, wenn man sich einmal für die eigene Leistungsfähigkeit bewundert. Zumal man hier korrekterweise eigentlich zwischen unserem Alltagsdenken und der wissenschaftlichen Sicht unterscheiden muss.

Kennst Du auch Leute, denen nur das Beste gut genug ist? Die wert auf das Besondere, Exklusive legen? Das sind Menschen mit einem sogenannten narzisstischen Persönlichkeitsstil (nach Kuhl & Kazén). Sie stellen gewissermaßen einen Zwischenschritt dar, der in der Normalität wurzelt. Für einen narzisstischen Persönlichkeitsstil ist ein gewisses Anspruchsdenken kennzeichnend (nach dem Motto: „Ich habe einen ganz einfachen Geschmack – immer nur das Beste.“). Sie wählen besonders gerne extravagante Kleidung, für sie ist Leistung immens wichtig, ebenso der Status. Und auch die typische Kehrseite (leichte Kränkbarkeit, Neid auf andere) tritt hier oft auf.

Der nächste Schritt sind dann die Menschen, die von ihrem Umfeld als Narzissten bezeichnet werden. Häufig sind es Personen, die sehr egoistisch und arrogant auftreten. Außerdem gehört eine ordentliche Portion Selbstsucht dazu, in Kombination mit der Tendenz, anderen Menschen gegenüber nicht sonderlich rücksichtsvoll zu sein. Sie brauchen Aufmerksamkeit wie eine Pflanze Wasser und Sonne, ohne gehen sie regelrecht ein. Am besten kommst Du mit ihnen klar, wenn Du sie nach allen Regeln der Kunst bewunderst. Denn Anerkennung ist für sie das A und O – und sie sind auch überzeugt davon, dass sie diese verdienen. Deshalb sind Narzissten gerne mal blind für überzogene Schmeicheleien. Aber lass sie das bloß nicht merken! Denn eins können sie gar nicht vertragen: Kritik. Und ironisch geäußerte Kritik macht die Tatsache keinen Deut besser. Denn solche Narzissten können es gar nicht vertragen, wenn Du Dich über sie lustig machst. Schließlich geht es in der Regel gleichzeitig ja auch immer um Macht.

Und da sind wir direkt bei einem weiteren typischen Merkmal: Narzissten und Ehrgeiz – eine innige Verbindung. Sie wollen Großes erreichen im Leben – und haben die Überzeugung, dass sie das auch verdienen. Weil Narzissten häufig durchaus clever sind und auch sehr leistungsbereit, findet man sie gerne in Führungspositionen vor oder auch im Show-Leben. Vielleicht hast auch Du genau so einen Vorgesetzten, der alle in seinem Umfeld klein macht? DAS ist wirklich Pech, aber leider recht verbreitet. Die ganzen „Primadonnen" im Show-Biz, die denken, dass sie eine Sonderbehandlung verdient haben und „normalen Sterblichen" gegenüber arrogant auftreten … Na, dämmert es Dir allmählich? Im Regelfall lässt sich das aber händeln, es nervt halt nur oder ist lächerlich.

Übrigens verursachen nicht alle diese Eigenschaften Probleme. Zumal daneben noch eine weitere Form von Narzissmus existiert, die sogar ins Gegenteil umschlagen kann: der bescheidene Narzisst. Dieser Typus legt es ebenfalls darauf an, alle anderen Menschen auszustechen – verlegt sich aber auf einen anderen Bereich. Neben besonders bescheidenen Personen gibt es ebenfalls noch Narzissten, die als besonders wohltätig auftreten (etwa im Gesundheits- und Pflegebereich).

Weil narzisstische Strömungen in unserem tagtäglichen Leben vermehrt zu beobachten sind, spricht man inzwischen sogar von einer „narzisstischen Gesellschaft". Doch dazu später mehr.

Unglücklicherweise gibt es neben umgangssprachlichem Narzissmus auch noch die sogenannte narzisstische Persönlichkeitsstörung – und bei der hört der Spaß dann spätestens auf.

Krankhafte Ausprägungen: Die narzisstische Persönlichkeitsstörung und der maligne Narzissmus

Krankheitswert bekommt das Phänomen Selbstliebe dann, wenn eine narzisstische

Persönlichkeitsstörung (NPS) vorliegt. Wobei die Übergänge von narzisstischen PersönlichkeitsEIGENSCHAFTEN zu einer echten -STÖRUNG – und das kann nicht oft genug betont werden! – fließend sind! Wie der Name schon sagt, handelt es sich hierbei um eine echte Störung der Persönlichkeit, die damit deutlich vom „Normalen" abweicht. Genauer: Das Verhalten, Denken und Fühlen weicht deutlich vom gemeinhin Üblichen ab und lässt sich nicht verändern, dies führt zu Problemen im Alltag.

Bei einer narzisstischen Persönlichkeitsstörung ist der Narzissmus so stark ausgeprägt, dass er zu einer Belastung wird – sowohl für die Umwelt des Narzissten als auch für ihn selbst! Kennzeichnend für diesen pathologischen (krankhaften) Narzissmus sind einerseits ein klarer Mangel an Einfühlungsvermögen, extreme Selbstüberschätzung und Eitelkeit und ein rasendes Bedürfnis nach Aufmerksamkeit und Anerkennung. Das kann sogar in Prahlerei ausarten, die alle anderen nervt. Der Narzisst ist eben wirklich und wahrhaftig „großartig" – das musst Du doch erkennen! Egal ob in Bezug auf seine Leistungen im Job oder den Status im gesellschaftlichen Leben. Unglücklicherweise realisiert er dabei nicht, dass er sich da meist maßlos überschätzt.

Aber auch Hochstapelei, Lügen und Manipulationen gehören zum Repertoire eines pathologischen Narzissten. Er ist zu allem bereit, um sich die Zuwendung und Anerkennung zu verschaffen, die er zum Wohlfühlen benötigt. Wenn das bedeutet, den anderen auszubeuten oder zu zerstören – ok. Denn aufgrund seines mangelnden Einfühlungsvermögens ist der Narzisst nicht dazu in der Lage, wirklich zu begreifen – oder besser nachzuempfinden, was er da gerade tut und wie es seinem Gegenüber damit geht. Das Konzept „Was Du nicht willst, das man dir tu‘, das füg auch keinem andern zu" ist ihm komplett fremd. Der Narzisst ist die Hauptfigur in seinem eigenen Film und die anderen Menschen sind quasi Requisiten. Allerdings wichtige Requisiten, denn ohne ihre Bewunderung geht es leider auch nicht.

Bleibt die aus oder sagst Du dem Narzissten einmal ehrlich die Meinung, wird er Dich mit einer äußerst heftigen Reaktion überraschen. Denn die Kehrseite von so viel vermeintlicher Großartigkeit ist wiederum eine extreme Überempfindlichkeit, wenn auch nur der Hauch einer Kritik geäußert wird. Laut gängiger Meinung hat dies seinen Grund in einem fehlenden Selbstwertgefühl des Narzissten. Es wurde immer wieder davon ausgegangen, dass solche Menschen eigentlich immer an sich selbst zweifeln, diese Unsicherheit aber mit dem großspurigen Auftreten übertünchen wollen. Nach diesem Konzept bedeutet Kritik natürlich eine empfindliche Verletzung des innersten Selbst, weil sie die Zweifel quasi bestätigt.

Neuere Ansätze gehen davon aus, dass Narzissten sich wirklich für echte Überflieger halten und insofern die Kritik schlicht als unberechtigt und falsch einstufen. Zu diesem Ergebnis kamen Wissenschaftler der Universität von Georgia in einer Studie im Jahr 2007. Von Selbstzweifeln kann danach nicht die Rede sein, vielmehr ist das vermeintliche Selbstbewusstsein in Narzissten tief verankert. Diese Ansätze stehen im Gegensatz zur Theorie des fehlenden Selbstwertes.

Besonders Beziehungen sind häufig ein wahres Spannungsfeld, das viel Sprengstoff beinhaltet, wenn Du an einen Narzissten geraten sein solltest. Sich um Dich kümmern, Deine Wünsche berücksichtigen? Keine Chance! Übrigens ist er ein Meister im Mobbing, wenn es sein muss, um seine Ziele zu erreichen. Und er ist unglaublich schnell beleidigt und gekränkt.

Tatsächlich bedeuten für Personen mit einer narzisstischen Persönlichkeitsstörung Ereignisse wie eine Kündigung oder das Verlassenwerden durch den Partner extreme Einschnitte im Leben. Daher kann so etwas durchaus zu einer wirklich schweren Krise in ihrem Leben ausarten.

Doch damit nicht genug, denn noch dramatischer sind die Auswirkungen, wenn Du auf einen bösartigen Narzissten triffst! Es geht tatsächlich immer noch etwas schlimmer, in solchen Fällen sprechen die Fachleute von einem malignen Narzissmus. Diese Personen sind wirklich skrupellos und haben kein Gewissen, des Weiteren scheuen sie sich auch nicht davor, offene Gewalt einzusetzen. Solche Menschen werden allerdings vor allem unter Kriminellen und Straftätern beobachtet.

Was könnte es noch sein?

„Ich bin etwas Besonderes!" – das ist die Grundüberzeugung eines Narzissten. Ok, soweit so gut. Doch wer glaubt, er könnte nun zielsicher alle potenziellen Narzissten in seinem Umfeld identifizieren, der ist leider auf dem Holzweg, denn unglücklicherweise kann eine narzisstische Persönlichkeitsstörung leicht mit einigen anderen Störungen verwechselt werden. Ehe Du also eine vorschnelle „Diagnose" stellst, solltest Du Dir die Details genauer anschauen.

Hier die Störungen, die NPS stark ähneln können:

Die Borderline-Persönlichkeitsstörung (BPS)

Hier bestehen zahlreiche Ähnlichkeiten und Überschneidungen, besonders wenn der Narzissmus in einer verletzlichen Form vorliegt. Möglicherweise aber auch daher, weil BPS vor allem bei Frauen diagnostiziert wird. Kennzeichnend sind bei beiden Störungen ein geringes oder sehr verletzliches Selbstwertgefühl, extreme Auf- und Abwertung von anderen Menschen und daher schwierige Bindungen sowie heftige Befürchtungen, verlassen zu werden. Beiden Störungen gemein ist eine Unfähigkeit zu begreifen, wie man auf andere Menschen wirkt.

Während es dem Narzissten allerdings durchgehend an Einfühlungsvermögen mangelt, ist diese beim Borderliner grundsätzlich vorhanden; hier ist eher eine Art „Wellenbewegung" zu erkennen, d.h. mal mehr mal weniger. Des Weiteren haben beide auch unterschiedliche Wünsche an das Gegenüber: Narzissten wollen einen Bewunderer, Borderliner benötigen dagegen vor allem jemanden, damit sie sich nicht allein und verlassen fühlen. Sie neigen darüber hinaus zu starken Gefühlen, zu Klammern und selbstschädigendem Verhalten bis hin zum Selbstmord. Der Narzisst dagegen manipuliert eher und lässt Menschen fallen.

Die histrionische Persönlichkeitsstörung

Früher wurde diese Form als hysterische Persönlichkeitsstörung bezeichnet, da Betroffene vor allem theatralisch oder dramatisch agieren und reagieren, um ihre Ziele zu erreichen. Kern ist dabei aber stets das Bedürfnis, die Aufmerksamkeit anderer Menschen zu erhalten – und dies ist die

Überschneidung mit dem Narzissmus. Während Personen mit histrionischer Persönlichkeitsstörung aber jedes Mittel recht ist, von nett bis dumm, möchten Narzissten als wichtig bewundert werden. Dem Histrioniker sind dagegen Verlässlichkeit und Gemeinschaft die entscheidenderen Punkte.

Die antisoziale Persönlichkeitsstörung

Diese Form weist besonders starke Überschneidungen auf mit dem Typus des malignen Narzissmus in seiner Extremform. Diese Personen nutzen andere Menschen ohne Skrupel aus, so ziemlich jedes Mittel ist ihnen dafür recht. Auch hier unterscheiden sich die Motive: Ein Mensch mit antisozialer Persönlichkeitsstörung ist vor allem daran interessiert, sich einen materiellen Gewinn zu verschaffen. Dem Narzissten dagegen geht es um Bewunderung und Bestätigung des Selbstwertgefühls.

Bipolare Störung

Da bei „fortgeschrittenen" Narzissten durchaus immer wieder Depressionen auftreten bei gleichzeitig hoher Meinung von sich selbst, können sie als Personen mit einer bipolaren Störung (früher: manisch-depressiv) erscheinen. Wichtiges Unterscheidungskriterium ist aber die Tatsache, dass sich Narzissten durchgehend von anderen Menschen abheben und als besser gelten wollen.

Die narzisstische Gesellschaft

Wie siehst Du die heutige Gesellschaft? Hast Du vielleicht manchmal den Eindruck, dass die Menschen immer selbstsüchtiger und egoistischer werden? Alle sind nur noch auf ihren eigenen Vorteil bedacht? Wenn es Dir so geht, dann liegst du richtig! Denn der Narzissmus ist offenbar gesamtgesellschaftlich gesehen stark auf dem Vormarsch.

Bist Du auch bei Facebook, Twitter oder Instagram dabei? Gerade die sozialen Netzwerke stellen für diesen stetig wachsenden Narzissmus eine Plattform dar. Hier kann man sich ungehemmt austoben und an seiner Selbstdarstellung feilen. Wer die meisten Likes sammelt, der hat es geschafft und fühlt sich anerkannt und geliebt. Und wer es geschickt anstellt, der kann hier eine ganze Menge Aufmerksamkeit erhalten.

Am deutlichsten ist die Tendenz bei einer typischen Erscheinung des Social Webs: Selfies. Nie zuvor war es so wichtig, Bilder von sich selbst aufzunehmen und zu verbreiten – im Urlaub, beim Essen, beim Sport oder auf der Fahrt von A nach B. Manche User posten sogar nur noch Aufnahmen von sich selbst. Gerade bei Selfies dreht es sich ausschließlich um die eigene Selbstvermarktung. Seht mal her! Ich bin so toll, mache so tolle Sachen, habe jede Menge Spaß … Warum wird so etwas so akribisch dokumentiert und verbreitet? Es geht schlicht um Anerkennung – und etwas Neid ist für Narzissten das Salz in der Suppe. Übrigens: Auch wenn Texte gepostet werden, drehen sich diese zu 80 % um den User selbst. Noch Fragen?

Dabei ist die Reichweite von Social Media enorm. Die aktuell gerade ultra-angesagte Plattform TikTok, die derzeit noch beliebter ist als Facebook, Twitter und Instagram, wird weltweit von mehr als einer Milliarde Menschen genutzt. Zielgruppe sind vor allem junge Erwachsene, die „ältere Generation" setzt dagegen eher auf Facebook, um ihre narzisstischen Bedürfnisse zu befriedigen.

Aber auch in der Welt außerhalb des Internets gibt es deutliche narzisstische Strömungen: die zunehmenden Terroranschläge und Amokläufe beispielsweise. Die Personen wollen mit diesen Taten Kränkungen abbauen und die Welt zur Rechenschaft ziehen. Die Bankenkrise lässt sich ebenfalls als eine narzisstische Blase entlarven – hier wurden Scheinwerte gehandelt, so wie ein Narzisst eine grandiose Fassade vorspiegelt. Dahinter ist in beiden Fällen – nichts. Übrigens sind die heutzutage besonders beliebten Rauschmittel Ecstasy, Amphetamine sowie Kokain deutlich narzisstisch, denn auch sie bescheren dem Konsumenten in erster Linie ein Gefühl von Großartigkeit, so als könne er alles schaffen und sei etwas ganz Besonderes.

Nur ein Gefühl? Nein. Jean Twenge von der San Diego State Universität hat die Ergebnisse des „Narcisstic Personality Inventory" (Selbsttest für narzisstische Neigungen) aus den Jahren 1982 bis 2006 ausgewertet. Das Ergebnis: Rund zwei Drittel der heutzutage Studierenden sind narzisstischer als frühere Generationen.

Fazit: Man hat immer häufiger mit Narzissten im Alltag zu tun, die Chancen steigen somit, mit ihnen zusammenzutreffen, mit ihnen zu arbeiten oder womöglich eine Beziehung einzugehen. Da ist es gut, wenn Du weißt, wie Du sie erkennst. So kannst Du Dich im Zweifelsfall besser schützen.

Werde zum Blitzmerker: So erkennst Du einen Narzissten

Du siehst, die Chancen stehen gut, dass Du bereits Kontakt zu einem Narzissten hast. Damit Du schnell einschätzen kannst, ob Dein Bauchgefühl zutrifft, solltest Du die typischen Kennzeichen und Verhaltensweisen eines Narzissten kennen. Quasi in Anlehnung an die bekannte Redewendung: Wissen ist Macht. Denn so kannst Du Dich am besten gegen potenziellen narzisstischen Missbrauch schützen.

Kennzeichen: Hiermit musst Du rechnen!

Egal wie deutlich ausgeprägt der Narzissmus bei einem Menschen ist, einige typische Kennzeichen verraten ihn immer. Und dank dieser Indizien weißt Du schnell und sicher, mit wem Du es zu tun hast. Schließlich ist so ein Mensch tief in seinem Innersten felsenfest davon überzeugt, ganz außergewöhnlich und großartig zu sein. Aus diesem Grund glaubt er auch, dass er die Bewunderung seiner Umwelt verdient, diese muss ihn würdigen. Ebenso stehen ihm, seiner Ansicht nach, aufgrund der hervorgehobenen Stellung Privilegien und Macht zu.

Für andere Menschen und deren Bedürfnisse hat der Narzisst keine Antennen, hier kann er maximal Sympathie und Verständnis vorspielen. Deshalb wirkt er im Umgang vielfach kalt und desinteressiert. Viel lieber aber wertet er andere Personen ab, um so noch mehr strahlen zu können. Gegenüber Kritik ist er extrem empfindlich, reagiert gekränkt. Dies gilt ebenso für berufliche Krisen oder Niederlagen, die sogar eine narzisstische Krise auslösen können mit Ängsten, Depressionen oder Zwangsgedanken. Dann schreckt der verletzte

Narzisst vor nichts mehr zurück – sogar vor einem Suizid.

Die typischen Merkmale einer narzisstischen Persönlichkeitsstörung (nach dem Diagnostischen und Statistischen Manual Psychischer Störungen (DSM-IV)):

- Es besteht ein extremes Bedürfnis, von anderen bewundert zu werden. Anerkennung ist sein Lebenselixier. Jeder Misserfolg stellt eine schwerwiegende Kränkung dar, die sogar eine Krise auslösen kann.
- Der Narzisst träumt davon, großen Erfolg in seinem Leben zu haben. Auch Macht und Dominanz sind seine Ziele, ebenso Schönheit. Des Weiteren ist die Idee der idealen Liebe etwas, das ihn wie magisch anzieht.
- Er ist davon überzeugt, dass andere Menschen ihm seinen Erfolg neiden. Schließlich beneidet er sie ja auch um ihre Erfolge.
- Er muss geradezu zwanghaft demonstrieren, was für eine überragende Bedeutung er besitzt, teilweise bis hin zum Größenwahn. So übertreibt er seine Leistungen und

Talente meist maßlos – oft ohne wirklich etwas vorweisen zu können. Weil er sich als eine wichtige Persönlichkeit sieht, hat er ein hohes Anspruchsdenken und beansprucht immer wieder Sonderrechte.

- Sehr gerne schmückt er sich zudem mit außergewöhnlichen Menschen oder Prominenten, denn er ist der Ansicht, nur von „Gleichwertigen" verstanden zu werden.
- Für ihn gibt es nur Schwarz-Weiß. Seine aktuellen Favoriten, die ihm gerade nützlich sind und gut tun, idealisiert der Narzisst – andere Menschen werden dagegen stark abgewertet und gerne auch ausgebeutet. In seinen Augen sind sie gewissermaßen unwichtig und minderwertig.
- Der Narzisst ist gekennzeichnet durch fehlende Empathie und echten Unwillen, die Bedürfnisse anderer Menschen zu berücksichtigen.
- Er weist eine deutliche Rastlosigkeit auf, ebenso reagiert er immer wieder sehr ungeduldig.
- Narzissten wirken häufig arrogant und überheblich.

Bitte nicht verwirrt sein, wenn der potenzielle Narzisst in Deinem Umfeld nicht alle Anzeichen zeigt oder nur in abgemilderter Form! Es reicht aus, wenn gerade einmal fünf der Kriterien vorliegen, um eine narzisstische Persönlichkeitsstörung zu diagnostizieren. Im täglichen Leben kommen so extreme Ausprägungen nur sehr selten vor, vielfach sind die Symptome auch nicht so eindeutig. Das kann auch daran liegen, weil der Narzisst gelernt hat, sein Überlegenheitsgefühl nicht ganz so offen zu zeigen.

Sicherlich kennst Du Schoko-Weihnachtsmänner. Außen Glitzerfolie, dann Schokolade und dann – nichts. Leer. Vielleicht warst Du als Kind deshalb sogar ein wenig enttäuscht von Deinem ersten Schoko-Weihnachtsmann, weil der nicht gehalten hat, was er auf den ersten Blick versprach. Genauso ist es mit Narzissten. Sie sind extreme Blender, sind anziehend, attraktiv, charmant, witzig, geistreich. Erzählen gerne, wie erfolgreich sie sind, haben wichtige Freunde, unzählige Talente und Fähigkeiten. Kurzum: Sie sind scheinbar die allerinteressantesten, vertrauenswürdigsten Menschen auf der ganzen Welt – aber alles nur Fassade. Leider!

Auch wenn Du es im ersten Moment kaum fassen kannst, dass sich ausgerechnet so ein toller Mann oder so eine wunderbare Frau ausgerechnet für Dich interessiert – freu Dich nicht zu früh! Offensichtlich hat der Narzisst den Eindruck gewonnen, dass Du genau das zu bieten hast, was er so dringend braucht: Bewunderung. Solange Du ihm das gibst, fühlst Du Dich erst einmal wie im Himmel – aber wehe, Du entziehst dem Narzissten Deine Anerkennung oder äußerst womöglich sogar leichte Kritik! Er wird zurückschlagen und zwar mit unnachgiebiger Härte. Dabei geht er erstaunlich geschickt vor, ist dadurch oftmals unglaublich schwer zu greifen und festzunageln. Vielleicht tarnt er seine spitzen Bemerkungen, verbalen Attacken und niedermachende Andeutungen sogar als Sorge um Dich – um Dich vor Anfeindungen anderer Menschen zu bewahren oder etwas in der Art. Hier ist der Narzisst ein echter Meister.

Übrigens wird er es mit ziemlicher Sicherheit immer schaffen, dass er letztlich als das Opfer dasteht – und Du die Schuld trägst. Wie er das schafft? Ganz einfach: Alles was seinen Überzeugungen widerspricht ist falsch, dumm oder völlig widersinnig. Immerhin hat er die Wahrheit gepachtet und die Weisheit mit Löffeln gefressen. Es ist also Deine eigene Schuld, wenn Du wütend oder traurig bist.

Hast Du geglaubt, in den letzten Absätzen ging es um eine Beziehung? Zum Teil ja – aber sieh bitte genauer hin. All das kann ebenso gelten, wenn Dein Chef ein Narzisst ist. Denn auch am Arbeitsplatz gehen Narzissten nach ihrer Lieblingsmasche vor. Erst wickeln sie Dich mit Charme und Versprechungen ein, vielleicht mit neuen Aufgaben, mehr Verantwortung oder auch mehr Geld. Dann haben sie Dich auf ihrer Seite und Du wirst unfassbar glücklich sein, dass Du so einen wunderbaren Förderer gefunden hast, der helfen will, dass Du Dein Potenzial zeigen kannst. Das geht aber nur solange, wie Du dem Narzissten nützlich bist. Ansonsten bist Du schneller auf der Abschussliste, als Du gucken kannst – und ein anderer hat Deinen Platz eingenommen. Das sofortige Todesurteil ist es übrigens, wenn Du mehr Erfolg hast als Dein Boss. Vielleicht vor ihm von der Geschäftsleitung ausgezeichnet wirst oder einen Fehler in seinen Unterlagen entdeckst. Dann kennt er keine Gnade mehr.

Eine – wie auch immer geartete Beziehung – mit einem Narzissten ist im wahrsten Sinne ein Tanz auf dem Vulkan.

Emotionale Erpressung: Die Werkzeuge eines Narzissten

Der Narzisst ist ein echter Künstler darin, Dir das Leben zur Hölle zu machen, wenn Du bei ihm in Ungnade gefallen bist – und das kann schneller gehen, als Du selber realisierst. Das besonders perfide dabei: Oftmals fühlst Du Dich sogar als derjenige, der Schuld an allem hat und die Behandlung womöglich daher auch noch verdient hat. Narzissten sind nämlich extrem gute Manipulatoren.

Kommt es zu einem Machtkampf in einer Beziehung, so schrecken extrem selbstverliebte Menschen auch vor Erpressung nicht zurück. Genauer: vor emotionaler Erpressung. Denn tut das Opfer nicht, was der Narzisst möchte, so droht er mit einer Bestrafung oder – anders formuliert – mit einer unangenehmen Konsequenz. Die Drohung kann indirekt erfolgen oder sogar offen ausgesprochen werden – in der Art „Wenn Du nicht das tust, was ich möchte, dann wirst Du leiden".

Erkennst Du das Kalkül? Der Narzisst weiß, dass auch Du Liebe und Anerkennung oder berufliche Unterstützung brauchst. Und genau deshalb droht er damit, Dir dies wegzunehmen, zu verweigern. Vielleicht vermittelt er Dir sogar den Eindruck, dass Du es Dir „verdienen" musst, indem er Dir vorwirft, Du würdest selbstsüchtig handeln, keine Rücksicht auf andere nehmen. Bist Du dann auch noch wirtschaftlich von ihm abhängig (etwa in einer Jobsituation) und gibst schließlich nach, manövrierst Du Dich direkt in seine Psychofalle hinein; der Narzisst hat Dich dann komplett in der Hand und kann sowohl Dein Verhalten als auch Deine Entscheidungen kontrollieren.

Die Psychofalle ist zugeschnappt.

In Bezug auf seine Strategie, Dir das Nachgeben auf seine Wünsche aufzuzwingen, ist der Narzisst ungemein erfinderisch. Er nutzt eine Vielzahl unterschiedlicher Methoden, um Dir das Leben wirklich zur Hölle auf Erden zu machen. Und damit gelingt es Narzissten spielend leicht, Menschen völlig zu verunsichern und ihnen auch noch den letzten Rest an Selbstvertrauen zu nehmen, bis sie wie gelähmt sind und teilweise regelrecht an der Situation und dem ständigen Psychoterror zerbrechen. Schaffen die Opfer es schließlich doch noch, sich aus dieser unseeligen Umklammerung zu befreien, sind sie am Boden zerstört, zweifeln an sich selbst und kommen ohne eine Therapie kaum noch klar mit dem Leben.

Noch härter und unnachgiebiger schlägt der Narzisst übrigens zu, wenn Du ihm eine Niederlage zufügst. Und das kann schon sein, dass Du Dich von ihm trennst – und ihm damit das Ruder aus der Hand nimmst. Das kann dann teilweise in regelrechte Racheaktionen ausarten. In einem Fall scheute eine Narzisstin nicht davor zurück, in sämtliche Briefkästen eines Ortes mit rund 300 Einwohnern Zettel zu werfen, auf denen sie verbreitete, dass ihr Ex-Partner sie missbraucht und geschlagen habe und bei welcher Gelegenheit. Doch es geht auch deutlich subtiler.

Typische Vorgehensweisen von Narzissten sind die folgenden:

Mobbing

Mobbing ist eine besonders beliebte Option für Narzissten. Verweigerst Du ihnen die wichtige Bewunderung und Anerkennung oder wirst sonst wie lästig, so beginnen sie gerne, Dich herabzusetzen und auszugrenzen, sowohl zu Hause in den eigenen vier Wänden als auch vor anderen Leuten. Sprichst Du den Narzissten hinterher darauf an, so wird es heißen, dass Du Dir alles nur einbildest, es gar nicht so gemeint war, Du zu überempfindlich bist oder oder oder. Das Ganze geht natürlich auch per E-Mail oder SMS oder gar im Internet.

Ein wichtiges Mittel, auf dass der Narzisst bei seinen Mobbing-Aktionen gerne zurückgreift, sind Lügen. Er hat keinerlei Probleme, wissentlich zu lügen, wenn es seinen Zwecken nutzt. Insofern ist auch das Verdrehen von Wahrheiten eine seiner Methoden – vor allem weil es hier so leicht ist, DIR hinterher vorzuwerfen, DU hättest Dich missverständlich ausgedrückt. Oder aber: Alles sei ganz anders gewesen und Du könntest Dich nur nicht mehr richtig erinnern.

Stalking

Narzissten empfinden häufig auch starke Eifersucht – vielleicht weil sie selber es mit der Treue nicht immer so genau nehmen, wenn sie einen neuen Bewunderer brauchen, der z.B. ihre sexuellen Fähigkeiten anerkennt. Durch die andauernden Verfolgungen und Kontrollen beeinträchtigen sie ihre Opfer stark.

Querulantentum

Wird die Beziehung zunehmend unerträglich, weil der Narzisst nur noch streitet und wirklich jede Gelegenheit dazu nutzt? Das ist Methode! Und egal wie logisch Du argumentierst und ob Du das Recht auf Deiner Seite hast – es wird Dir nichts nützen. Der Narzisst wird Dich solange mit seinen ständigen Streitereien, Beschuldigungen und Vorwürfen konfrontieren, bis Du nachgibst oder er der Sache überdrüssig geworden ist. Das Ganze kann sogar in handfeste Aggressionen ausarten.

Anonymschreiberei

Findest Du gemeine Zettelchen in Deiner Tasche oder auf Deiner Facebook-Timeline? Natürlich ohne Unterschrift? Oder bekommen Freunde und Bekannte anonyme Briefe, in denen Du schlechtgemacht wirst? Da ist ganz klar ein gekränkter Narzisst am Werk, denn diese Vorgehensweise nutzen sie sehr gerne, um Dich unmöglich zu machen. Warne am besten Deinen Arbeitgeber vor, denn auch davor schreckt ein Narzisst nicht zurück.

Ghosting

Hierbei bricht der Narzisst plötzlich und ohne jegliche Vorwarnung den Kontakt zu Dir ab. Für Rückrufe und Nachfragen ist er natürlich ebenfalls nicht mehr zu erreichen. Du bist rundum geblockt – telefonisch, per WhatsApp, Facebook, Twitter und was es sonst noch so gibt. Der Narzisst taucht einfach ab und lässt Dich mit lauter Fragezeichen zurück – wie ein Geist (engl. ghost). Macht ist eben alles.

Gaslighting

Eine wirklich besonders üble Form der emotionalen Manipulation ist Gaslighting (übersetzt „Gasbeleuchtung"). Der Narzisst unterzieht sein Opfer dabei regelrecht einer Gehirnwäsche und dieses beginnt dann an sich und der eigenen Wahrnehmung zu zweifeln. Das Ganze kann so weit gehen, dass das Opfer sein Selbstbewusstsein bis hin zu seiner Identität verliert. In vielen Fällen ist jahrelange Therapie nötig, damit das Opfer sich wieder stabilisiert.

Eine gerne genutzte Maßnahme zur Destabilisierung des Opfers ist etwa, dass das Opfer immer wieder mit negativen und unwahren Eigenschaften, Dingen und Fakten konfrontiert wird und sich ständig rechtfertigen muss – bis es an sich selbst zweifelt und anfängt, das Negative anzunehmen und zu glauben.

Hinter all dem steckt Kalkül und es handelt sich um eine regelrechte Inszenierung, die sich über längere Zeit erstrecken kann, bis das Ziel des Narzissten erreicht ist.

Der Name Gaslighting wird von einem Film aus den 40er Jahren abgeleitet, in dem eine Mann diese Taktik bei seiner Frau anwendet, bis sie den Verstand verliert. Vielleicht kennst du das Prinzip auch aus dem Buch bzw. Film „Girl on the Train"?

Silent Treatment

Schwer belastend und extrem verunsichernd ist auch die Variante des Silent Treatment. Dabei wird das Opfer von einem Moment auf den anderen einfach „geschnitten". Es ist Luft für den Narzissten. Er spricht einfach nicht mehr mit seinem Gegenüber, sondern tut so, als wäre es gar nicht da und als könnte er es nicht hören. Der Narzisst macht hier das Ignorieren zur Kunstform. Je mehr Du um eine Antwort bettelst und fragst, was Du denn nun schon wieder falsch gemacht hast, desto hartnäckiger schweigt Dein Gegenüber. Das Ganze geht solange, bis Du nachgibst und der Narzisst das bekommt, was er haben wollte.

Der „Clou" dahinter: Du hast Dich nicht so verhalten, wie es der Narzisst wollte. Weil er die Erfahrung gemacht hat, dass er mit Schreien bei Dir nicht weiterkommt, spricht er stattdessen kein Wort mehr mit Dir und ignoriert Dich. Damit triggert er Urängste, die in jedem von uns sitzen. Wird ein Kind von seiner Mutter ignoriert, dann hat es keine Chance zu überleben.

Isolierung

Eine weitere gemeine Masche von Narzissten ist die Isolierung ihres Opfers. Zuerst geht es schleichend los, er findet immer ein Haar in der Suppe, wenn es um Deine Freunde und Bekannten geht. Sie sind öde und merkwürdig, ihre Art sich zu kleiden ist doof. Das nimmt man anfangs nicht ernst. Der Dreh kommt mit dem nächsten Schachzug: Der Narzisst macht dich immer häufiger auf die Schwächen und Fehler Deiner Freunde aufmerksam, diffamiert sie, macht sich lustig über sie und jammert rum, wenn Du Dich mit ihnen treffen willst. Um des lieben Friedens willen triffst Du Dich nur noch alleine mit ihnen. Doch auch das reicht dem Narzissten noch nicht. Steht ein Meeting an, gehen seine fiesen Spitzen und Kommentare direkt wieder los – daraufhin triffst Du Dich nur noch heimlich, um den Diskussionen aus dem Wege zu gehen.

Familienfeiern? Ausgerechnet dann ist der Narzisst krank oder erklärt kategorisch, dass er nicht mitkommt. Außerdem würde ihn dort sowieso niemand mögen, was er mit zahlreichen Beispielen untermauert. Letztlich ziehst Du Dich komplett von allen anderen Menschen zurück und der Narzisst hat genau das erreicht, was er wollte: deine Isolierung. So hat er die alleinige Macht über Dich und Du bist in jeder Hinsicht von ihm abhängig und seinen Launen ausgeliefert.

Passiv-aggressives Verhalten

Hörst Du öfters solche Sprüche wie: „Na,

wenn Du meinst …" oder „Das musst Du selber wissen …"? Vorsicht! Dann setzt der Narzisst auf passiv-aggressives Verhalten. Genauer: Er zeigt immer mal abblockende Reaktionen oder setzt auf Verzögerungen – Du bist latent verärgert, doch weil Dir das Ganze eher nichtig erscheint, gehst Du einfach darüber hinweg. Falls Du Dich provozieren lässt und Deinen Ärger zeigst, schnappt die Falle zu. Denn: Da hast Du einfach was falsch verstanden, alles war nur ein Scherz …

Zum Repertoire dieser Methode gehört daher auch Pseudohumor; hierbei verpasst Dir der Narzisst erst eine ganz fiese Spitze, um dann plötzlich nachzuschieben: „Alles nur Spaß!" Ebenso gerne stellt er sich aber auch einfach dumm, verschiebt Versprochenes auf später, stellt Dinge als Missverständnisse hin. Damit Du bloß keinen Erfolg hast! Vorsicht also bei Sätzen wie: „Ach, hatten wir das wirklich besprochen?"

Du siehst anhand dieser Auflistung: In Sachen Psychospiele ist der Narzisst tatsächlich ganz weit vorn. Zumindest hier kann er tatsächlich mit Fug und Recht die Vorrangstellung für sich beanspruchen, die er gerne rund um die Uhr hätte. Dabei geht er völlig gewissenlos zu Werke, aufgrund der mangelnden Empathie ist es für ihn kein Problem, seinem Gegenüber Stress und Angst zuzufügen.

Entlarve einen Narzissten mit nur einer einzigen Frage!

Hegst Du den Verdacht, dass Dein Partner, Führungskraft, Verwandte oder Freund ein Narzisst ist? Kannst Du einiges von dem bislang Beschriebenen wiedererkennen? Oder kommen Dir womöglich mehrere der Psychotricks bekannt vor? Dann liegt der Verdacht durchaus nahe. Aber wie kannst Du zweifelsfrei herausfinden, ob der andere wirklich ein Narzisst ist?

Eine erste Maßnahme könnte ein Blick ins Internet sein. Hat derjenige einen Account bei Facebook, dann solltest Du Dir mal sein Profil genauer ansehen. Narzissten präsentieren sich hier nämlich besonders eitel und selbstverliebt und zeigen gerne der ganzen Internetwelt, wie toll und überlegen sie sind. Dies konnte Laura Buffardi von der Universität von Georgia in einer Studie im Jahr 2008 belegen und empfiehlt daher bei einem Verdacht einen Blick ins soziale Netzwerk.

Allerdings gibt es noch einen anderen, viel einfacheren Weg, um sich Sicherheit zu verschaffen, wie Forscher an der Ohio State Universität festgestellt haben. Ganze elf Studien haben sie ausgewertet und das Ergebnis ist verblüffend, denn anstatt aufwändiger Fragenkataloge gibt es ein ganz simples und schnelles Mittel: Stell dem vermuteten Narzissten einfach diese Frage:

Auf einer Skala von 1 bis 7: Wie sehr stimmen Sie der Aussage zu „Ich bin ein Narzisst"?

Ist er einer, dann wird er mit sehr hohem Wert antworten, wenn er nicht direkt wie aus der Pistole geschossen „Sieben" sagt. Der Grund dafür ist die Naivität, die den Narzissten letztlich zu eigen ist. Sie mögen sich schließlich und finden sich selbst toll. In ihrem Narzissmus können sie nichts Schlimmes erkennen, er ist ok für sie. Für den Narzissten ist er selbst der Beste und Tollste und er sieht keinen Grund, dies zu leugnen.

Hiermit hast Du es zu tun: Typische Ausprägungen

Dass Narzissmus nicht gleich Narzissmus ist, hast Du bereits gelesen. Es gibt eine gewisse Bandbreite von einzelnen narzisstischen Zügen bis hin zum pathologischen Narzissmus in Form einer manifesten Persönlichkeitsstörung, sozusagen unterschiedliche „Härtegrade".

Doch das allein genügt noch nicht, um das Spektrum Narzissmus wirklich zu erfassen, denn er kommt auch in unterschiedlichen Formen oder anders ausgedrückt in „Masken" daher. Da ist dann in Fachkreisen die Rede von angepassten und unangepassten Narzissten, offenem oder verdecktem, robustem und verletzlichem Narzissmus. Weitere diskutierte Varianten sind romantische und verführerische Narzissten, skrupellose sowie verführerische wie auch verzweifelte und erfolglose Narzissten. Und das sind noch nicht alle Unterarten! Fachleute unterscheiden sogar noch deutlich mehr Typen.

Eine gute Handhabe in diesem Dschungel der unterschiedlichsten Arten und Formen, bei denen es teilweise auf Feinheiten ankommt, ist eine recht neue Einteilung aus dem Jahr 2008. Diese basiert auf einer Studie von Russ und Kollegen und wählt folgende Kategorien:

1. grandios-maligner Narzissmus
2. vulnerabel-fragiler Narzissmus
3. exhibitionistischer Narzissmus mit hohem Funktionsniveau

Was bedeutet dies im Einzelnen?

Grandios-maligner Narzissmus

Wie Du bereits weißt, ist der maligne Narzissmus eine Form mit Krankheitscharakter. Eine grandios-maligne Ausprägung stellt sogar eine bösartige Form dar und diese Menschen können tatsächlich eine Bedrohung für ihr Umfeld darstellen. Dies liegt daran, dass hier der Narzissmus gepaart ist mit Aggression und Paranoia und zudem noch antisoziales Verhalten hineinspielen kann. Solche Personen halten sich nicht nur selbst für absolut großartig und überragend, sie haben zudem auch keinerlei Skrupel. Erhalten sie nicht die Bewunderung, von der sie denken, dass sie ihnen rechtmäßig zusteht, ist Rache für sie eine echte Option. Und dabei schrecken sie nahezu vor nichts zurück. Unglücklicherweise können sich derartige Narzissten durchaus auch nur einbilden, dass jemand sie ablehnt. Aufgrund der paranoiden Züge ihrer Persönlichkeitsstörung sind sie der Ansicht, dass sie überall von Feinden umgeben sind.

Als klassische Beispiele für solche grandios-malignen Narzissten werden meist Stalin und Hitler genannt.

Vulnerabel-fragiler Narzissmus

Während für viele Menschen Narzissmus meist gleichgesetzt wird mit dem Glauben einer Person, der Beste, Tollste, Schönste zu sein, gibt es noch einen Typus, der quasi unter dem

Radar durchläuft: den verdeckten Narzissmus. Verdeckt ist er deshalb, weil hier die wichtigsten Eigenschaften eine depressive Grundstimmung und Ängstlichkeit sind. Ja, auch Scham ist eine häufig vorhandene Komponente. Bei Menschen dieses Typus' überwiegt daher besonders die Empfindlichkeit auf Kritik, auch Niederlagen sind für sie ein echtes Drama. Weil auch ihnen Empathie fehlt, haben sie Probleme, die Wünsche und Bedürfnisse anderer Menschen zu verstehen; daher trifft Kritik sie quasi aus dem luftleeren Raum.

Weil ein vulnerabel-fragiler Narzisst teilweise stark unter Depressionen und Ängsten leiden kann, ist dieser Typus auch derjenige, der noch am Ehesten therapeutische Hilfe sucht, er aber lediglich eine Linderung seiner Symptome erwartet.

Besonders häufig gehören Frauen zu dieser Gruppe, da der Narzissmus bei ihnen gerne eine passive Ausprägung aufweist.

Exhibitionistischer Typus

Und hier haben wir nun endlich die Persönlichkeit, die das klassische Bild eines

Narzissten geprägt hat! Der exhibitionistische – alternativ auch der „offene" – Narzisst zeigt aller Welt stolz, wie großartig er ist und posaunt das auch lautstark hinaus – ob man es nun hören möchte oder nicht. Allerdings schafft er es so, im Mittelpunkt der Aufmerksamkeit zu stehen und sich die ersehnte Anerkennung zu verschaffen. Weil der exhibitionistische Typus sehr leistungsbereit ist, kommt er gut mit unserer Leistungsgesellschaft, mit Wettbewerb und Ellenbogen zurecht – mit der Konsequenz, dass er oftmals sehr erfolgreich ist und die Karriereleiter nach oben klettert. Auf sein Umfeld wirkt dieser Typus häufig sehr selbstbewusst, allerdings wird er ebenfalls als überheblich und manchmal sogar als kalt empfunden.

Denk einmal an das Showgeschäft, Casting Shows oder andere TV-Formate? Hier gibt es viele Vertreter dieser Kategorie. Aber möglicherweise hast Du auch bei Deinem Job jemanden, der Dir direkt einfällt.

Grandios-maligner, vulnerabel-fragiler und der exhibitionistische Narzissmus: Dieses sind die drei Grundtypen.

Augenscheinlich ist es jedoch möglich, dass ein Narzisst einer Kategorie ebenso Facetten einer anderen aufweist. Dies ist der Grund, weshalb möglicherweise wiederum so viele Untertypen existieren. Doch hierzu ist noch weitere Forschung notwendig.

Eine Frage des Geschlechts? Der Unterschied zwischen weiblichem und männlichem Narzissmus

Wenn es so viele unterschiedliche Varianten von Narzissmus gibt, drängt sich natürlich eine Frage auf: Besteht ein Unterschied zwischen Männern und Frauen in Sachen Narzissmus. Die Antwort ist ein klares … Jein.

Tatsächlich treten grundsätzlich alle Formen bei beiden Geschlechtern auf. Erfahrungsbemäß werden aber nicht immer alle Facetten gezeigt. So bevorzugen Frauen beispielsweise eine eher weibliche Form von Narzissmus, Männer eine eher männliche

Version; die zugrundeliegenden Wünsche, Ziele, Bedürfnisse sind stets die gleichen. Stets geht es um Bewunderung und Anerkennung.

Während Männer gerne protzen und angeben und offen zeigen, was sie in Bezug auf Karriere und materielle Güter alles erreicht haben und können (ganz nach dem Motto: Mein Haus, mein Auto, mein Pferd!), verlegen sich Frauen auf andere Gebiete. Sie zeigen sich besonders perfektionistisch, haben ein hohes Leistungsideal. Um das zu erreichen, arbeiten sie durchaus auch mehr und engagierter als andere. Ein weiteres wichtiges Thema ist ein gutes Aussehen, narzisstische Frauen sind nahezu zu allem bereit, um ihr Aussehen zu optimieren und dem Schönheitsideal zu entsprechen. Die Kehrseite der Medaille: Sie leiden im Gegenzug häufig unter Minderwertigkeitskomplexen, die sich mit einem regelrechten Größenwahn abwechseln. Insofern treten sie passiver auf und sind weniger leicht als Narzisst zu entlarven.

Ebenfalls gibt es Unterschiede hinsichtlich der bevorzugten Vorgehensweisen, um bestimmte Ziele zu erreichen. In Bezug auf eine Partnerschaft bedeutet das beispielsweise, dass Männer die Partnerin eher manipulieren, um die benötigte Beachtung und Macht zu erhalten. Er ist neidisch auf die Erfolge des Menschen an seiner Seite, erweist sich immer wieder als ausgesprochen oberflächlich und ist zu tieferen Gefühlen nicht wirklich in der Lage. Das Beziehungsende sieht der männliche Narzisst häufig als eine empfindliche Niederlage, wenn es durch die Partnerin initiiert wurde. Dann ist Rache für ihn eigentlich obligatorisch.

Die weibliche Narzisstin präsentiert sich gerne zunächst als eine Art Opfer und setzt den Partner besonders gerne emotional unter Druck. Ihre beste Waffe ist das schlechte Gewissen des anderen, und damit spielt sie meisterhaft. Wie kann er aber auch mit so einem empfindsamen, kostbaren Wesen so schlecht umgehen? Im Gegenzug hat die Narzisstin aber auch keine Probleme, dem Partner untreu zu werden. Denn die Bewunderung durch einen neuen Partner gibt ihr den nötigen Kick, den sie so dringend braucht. Sollte sie ertappt werden, spielt sie wieder die emotionale Trumpfkarte aus und erklärt vielleicht, dass der andere selber schuld sei und sie sogar in die Arme des Nebenbuhlers getrieben habe ... Konsequenterweise hat Frau Narzisst dann natürlich ebenfalls gerne das Heft in der Hand, wenn das Ende der Partnerschaft sich abzeichnet, sprich: Sie nicht mehr genügend Bestätigung erhält. Dann beendet sie das Ganze – und schafft es locker, dem anderen deshalb ein schlechtes Gewissen zu machen.

Wie wird man zum Narzissten?

Wie kommt es, dass jemand zum Narzissten wird? Ist das Ganze genetisch „vorherbestimmt"? Entwickelt es sich aufgrund von traumatischen Erlebnissen oder ist Narzissmus eine Sache, die einem Kind womöglich anerzogen wird?

Gute Frage!

Tatsächlich ist der konkrete Ursprung von narzisstischen Zügen bei einem Menschen noch nicht wirklich geklärt und die Wissenschaftler sind sich uneins. Sie konzentrieren sich bei ihren Erklärungsversuchen zumeist auf das Thema: „verwöhntes Kind" oder „zu wenig beachtetes

Kind".

Viele Experten vermuten, dass die Gründe für Narzissmus im Kindesalter liegen. Vermuten! Genauere Erkenntnisse gibt es bislang noch nicht. Es steht lediglich fest, dass die Eltern bzw. ihr Erziehungsstil eine entscheidende Rolle bei der Entwicklung zum Narzissten spielen. Ob eher mangelnde Beachtung oder übertriebene Beachtung das Thema sind, ist strittig.

So vermuten Vertreter der psychoanalytischen Theorie beispielsweise, dass ein Kind später zum Narzissten wird, wenn seine Eltern es zu wenig beachtet haben und ihm nur in einem äußerst geringen Ausmaß Anerkennung geschenkt haben. Eine andere Erklärungsvariante geht dagegen davon aus, dass die Eltern den Nachwuchs zu sehr bewundert haben und dem Kind immer wieder versicherten, wie toll es ist, wie großartig und besonders. Ihre eigenen Wünsche haben sie dagegen zurückgestellt. Die kognitive Verhaltenstherapie geht ebenfalls von der letzteren Variante aus und vermutet eine extreme Idealisierung durch die Eltern in den ersten Lebensjahren als Auslöser.

Otto Kernberg, einer der wichtigsten Forscher, wenn es um das Thema narzisstische Persönlichkeitsstörung geht, vermutet, dass der Ursprung in einem emotional kalten oder sogar potenziell aggressiven Elternhaus liegt. Weil die Kinder kaum Anerkennung erhalten, versuchen sie Dinge zu leisten, für die sie Lob erhalten. Das heißt: Sie engagieren sich besonders in der Schule, um für gute Noten ein nettes Wort zu bekommen.

Welcher Erziehungsstil wirklich verantwortlich sein sollte, eines ist Fakt: Die Kinder sind stets Opfer einer Vernachlässigung durch die Eltern. Während die einen dem Nachwuchs nicht die benötigte Liebe und Geborgenheit zuteil werden lassen, setzen die anderen dem Kind nicht die dringend benötigten Grenzen. So erhält es keine Möglichkeit, mit Frustration umgehen zu lernen und zu erkennen, dass andere Menschen ebenfalls berechtigte Bedürfnisse und Wünsche haben.

Die Konsequenzen für das Kind sind stark verunsichernd: Ihm wird einerseits ein unangemessen positives Selbstbild vermittelt, auf der anderen Seite fürchtet das Kind, die Wünsche der Eltern nicht genügend erfüllen zu können. Es hat den Eindruck, dass es um

Anerkennung kämpfen muss und es diese nur bekommt, wenn es seine Leistungen und Vorzüge präsentiert. Hier wird dann möglicherweise auch die Tendenz zur Manipulation von anderen Menschen angelegt, denn das Kind lernt schließlich früh, dass eigentlich nur so ein Verhalten zum Ziel führt.

Wie bei eigentlich allen Theorien ist das Ganze mit Vorsicht zu genießen. So wird von Fachleuten zu Recht darauf hingewiesen, dass bei solchen Überlegungen zur Erziehung lediglich die Kinder Untersuchungsgrundlage sind. Die Eltern wurden bislang nicht weiter befragt. Der Knackpunkt ist nämlich, dass es durchaus möglich ist, dass Menschen mit einer narzisstischen Persönlichkeitsstörung ihre Eltern anders wahrnehmen als sie tatsächlich sind bzw. agiert haben, gefiltert durch die Brille ihrer Erkrankung.

Eine 2008 durchgeführte Studie kanadischer Forscher zeigte auf, dass narzisstische Charakterzüge offenbar innerhalb einer Familie vererbt werden können. Bemerkenswerterweise liegen ebenfalls Hinweise dafür vor, dass stark verwöhnte Kinder häufig eine Form von grandiosem Narzissmus entwickeln, während stark kontrollierende oder manipulierende

Eltern dagegen eher Kinder haben, die Anzeichen für einen verletzlichen Narzissmus aufweisen.

Darüber hinaus werden weitere mögliche Ursachen diskutiert. Zwillingsstudien haben gezeigt, dass offenbar auch eine genetische Disposition vorliegen muss, um zum Narzissten zu werden – zumindest ist dies hier von entscheidenderer Bedeutung als bei anderen bekannten Persönlichkeitsstörungen. Ebenso spielen sicherlich Umwelteinflüsse eine Rolle beim Phänomen Narzissmus, beispielsweise kulturelle, wie anhand der zunehmend narzisstischer werdenden Gesellschaft vermutet wird.

Wie die Ergebnisse einer Studie aus dem Jahr 2000 hier hineinpassen, ist fraglich. Diese lieferte nämlich Belege dafür, dass sich die Persönlichkeit eines Menschen auch nach einem schweren Hirntrauma hin zum Narzissmus entwickeln kann.

Gibt es Heilung?

Gerade Angehörige oder Partner müssen jetzt

stark sein: Nein, leider, im Prinzip gibt es kein Wundermittel, das Narzissmus wegzaubert. Geht es um eine ausgewachsene narzisstische Persönlichkeitsstörung, erklärt sich das eigentlich auch schon von selbst. Hier ist der Narzissmus ein wichtiger, ein elementarer Teil des eigenen Selbst – und keine Krankheit, die einen mal eben so angeflogen hat.

Die gute Nachricht: Ist der Narzisst bereit, sich in eine Therapie zu begeben und arbeitet er dort dann auch mit, so lassen sich zumindest die Symptome lindern. Und dann kann das Leben mit demjenigen durchaus wieder erträglicher werden.

Allerdings ist das meist bereits der entscheidende „Knackpunkt", denn Narzissten sehen in ihrem eigenen Verhalten gar kein Problem. Sie sind zutiefst davon überzeugt, dass sie genauso ok sind wie sie eben sind: Ein Wunder der Natur. Probleme haben nur die anderen Menschen – und die sind letztendlich selber schuld daran, zum Beispiel weil sie nicht die Fähigkeiten haben, den „überlegenen" Narzissten zu verstehen.

Du siehst, mit Liebe und Verständnis richtest Du hier nichts aus!

In der Regel kommt für sie erst dann eine Therapie infrage, wenn die Menschen um sie herum „nur noch Probleme verursachen" oder sie eine zusätzliche Störung oder Co-Erkrankung entwickeln. Meist handelt es sich dann um Depressionen, Ängste oder gar eine Suchterkrankung.

Das nächste Problem: Sie müssen es erst einmal schaffen, einen kompatiblen Therapeuten zu finden. Im Klartext: Der braucht ein enorm dickes Fell und jede Menge unterschiedliche Werkzeuge in seinem Handwerkskoffer, denn Narzissten stellen eine wahre Herausforderung dar. Für sie fühlt sich nämlich allein schon die Therapiesituation wie eine schwere Niederlage an – und das wiederum können sie gar nicht gut vertragen. Entsprechend wird der Therapeut zunächst einmal mit allen Mitteln der Kunst abgewertet, weshalb viele solche Klienten auch nicht gerne annehmen.

Früher hieß es meist, dass Narzissten sich therapeutischer Hilfe auch deshalb nur extrem ungern aussetzen, weil sie dann gezwungen sind, in ihr Innerstes zu schauen – und dann häufig in eine regelrechte Leere starren. Denn hinter ihren Fassaden würden sie eine große

Selbstunsicherheit und starke Ängste, minderwertig zu sein, verbergen. Dies trifft nach neueren Ergebnissen, wie erläutert, allerdings nicht bei allen narzisstischen Menschen zu. Ein Teil davon ist schlicht davon überzeugt, so einen „Unfug" nicht zu benötigen.

Bleiben die Narzissten aber dabei und lassen sich auf eine Therapie ein, so können binnen zwei Jahren tatsächlich Verbesserungen erzielt werden, d.h. ihre Empathiefähigkeit lässt sich optimieren, was die Interaktion mit anderen Menschen natürlich erleichtert. Dies gilt auch in Bezug auf die narzisstische Kränkung, wenn der Betroffene versteht, dass seine Ansprüche und Ziele zu hoch greifen.

Welche Krankheiten sind oft mit Narzissmus gepaart?

Stellen wir die Frage doch einmal anders herum: Wer umgibt sich schon gerne mit einer Person, die einen nur ausnutzt und aussaugt wie ein Vampir? Genau, für die meisten Menschen lautet die Devise dann: Rette sich, wer kann! Das wiederum führt beim Narzissten, dem die Anerkennung versagt bleibt, zu schwerwiegenden Folgen: etwa zu Frust und Vereinsamung. Kann er seine hochgesteckten Ziele nicht erreichen und gerät in eine Krise, so tauchen Ängste und Depressionen auf. Ebenfalls möglich sind Essstörungen, beispielsweise immer wieder Fälle von Magersucht. Im schlimmsten Falle mündet diese Entwicklung in einem Suizid.

Die klassische Stufe davor ist die Sucht, sprich: Die Narzissten retten sich in Alkohol oder Drogen, um die Realität auszublenden und sich in ihre Phantasiewelten retten zu können, in denen sie wirklich von allen bewundert und vergöttert werden wegen ihrer Großartigkeit, Außergewöhnlichkeit und ihrer umwerfenden Erfolge auf allen Gebieten. Insofern ist Kokain ihre Lieblingsdroge.

Anders ergeht es den Opfern, die sich weder trennen noch in der Lage sind ihr eigenes Verhalten gegenüber dem Narzissten radikal umzustellen. Oft geht es lediglich um die seelische Stabilisierung und um Unterstützung, damit das Opfer nicht völlig den Halt in der Realität verliert. Häufig ist eine ängstlich-vermeidende Haltung oder sogar eine ängstlich-vermeidende Persönlichkeitsstörung in schweren Fällen zu beobachten. Eine gute Hilfe, um wieder zu innerer Stärke zurückzufinden, können daher in solchen Stadien Anti-Depressiva darstellen. Auch hier wissen sich viele Betroffene nicht mehr anders zu helfen in ihrer Not und Verunsicherung und greifen zu Alkohol und Drogen, um zumindest zeitweise dem negativen Stress zu entfliehen.

Potenziell ist daher sogar ein Suizid denkbar, wenn nicht rechtzeitig eine Trennung erfolgt.

Warum gerade ich? Die Opfer des Narzissten

Es ist die Frage aller Fragen für Menschen, die zum Ziel eines Narzissten geworden sind: Wieso hat er ausgerechnet mich als Opfer ausgesucht? Und weitergedacht: Gibt es womöglich einen bestimmten Menschentypus, der besonders häufig zum Opfer eines Narzissten wird?

Ja. Es gibt tatsächlich einen klassischen Opfertyp.

Mit einer geradezu schlafwandlerischen Sicherheit gelingt es den Narzissten, genau die Partner zu finden, die sich auf eine sogenannte

„narzisstische Kollusion" einlassen. Menschen, die bereitwillig den unterwürfigen Part in ihrem perfiden Spiel um Macht und Bewunderung einnehmen. Bevorzugte und willige Opfer sind Personen, die sich leicht unterordnen, die sehr angepasst sind und häufig ihre eigenen Bedürfnisse zurückstecken.

Die sind dann auch erstmal unfassbar glücklich, wenn die Aufmerksamkeit des ach so begehrenswerten Narzissten ausgerechnet auf sie fällt. Hier geht es eigentlich bereits los mit den Manipulationen, denn der Narzisst gibt seinem Opfer sofort das Gefühl, dass es etwas ganz Besonderes ist. Muss ja auch, wenn so ein besonderer Mensch einen auswählt, oder? Dank dieser Schmeichelei hängt das Opfer schon an der Angel.

Die erste Zeit ist alles nahezu perfekt, bis dann die Fassade des Narzissten langsam zu bröckeln beginnt. Fängt der zunächst eher unterwürfige Part womöglich an, auf seine Rechte zu pochen oder äußert vielleicht sogar Kritik am Narzissten (Sakrileg!!), geht der Kampf los.

Allerdings gibt es durchaus Konstellationen, die lange Zeit gut und reibungslos funktionieren:

Manche eher unsichere Menschen empfinden es durchaus als angenehm, einen Narzissten an ihrer Seite zu haben. Warum? Er nimmt ihnen viel ab! Außerdem wertet sein zumeist hoher gesellschaftlicher Status den Partner ja auch mit auf. Aber auch Beziehungen von zwei Narzissten können interessanterweise gut funktionieren, nämlich dann, wenn beide den anderen jeweils als eine Trophäe sehen. Das Ergebnis sind dann die klassischen „Vorzeigepärchen".

Stark sein: So schützt Du Dich effektiv vor Narzissten!

Du siehst, am besten wäre es natürlich, wenn man einen großen Bogen um Narzissten machen könnte. Doch leider klappt das in der Realität nicht wirklich, viele sind regelrechte Meister der Tarnung, in anderen Fällen sind einfach die äußeren Umstände gegen Dich. Beispielsweise, wenn Du einen neuen Chef oder Kollegen bekommst. Was kannst Du dann tun? Wie gehst Du am besten vor, um Dich gegen die Attacken des Narzissten zu schützen? Genau das erfährst Du in diesem Kapitel. Das Ganze startet mit dem Knackpunkt überhaupt, an dem meist alles kippt: der narzisstischen Kränkung. Im Folgenden erfährst

Du dann, wie Du Narzissten in Deinem Umfeld händeln kannst, ohne selbst Schaden zu nehmen oder wie Du Dich von ihnen befreist. Hier nun die wichtigsten Tipps zum Umgang mit Narzissten.

Die narzisstische Kränkung

Das Faszinierende, wenn man einen Narzissten kennenlernt, ist, dass anfangs alles wirklich rosarot ist. Die bist im Himmel und kannst gar nicht fassen, wie Du so viel Glück in Deinem Leben haben konntest. Doch irgendwann kommt ein Punkt, an dem sich alles dreht – und Du begreifst gar nicht, was hier gerade schiefgelaufen ist, bist komplett hilflos und verwirrt. Denn schlagartig lässt der Narzisst die Maske fallen.

Ursache für diesen abrupten Wechsel ist meist eine sogenannte „narzisstische Kränkung".

Bewunderung ist für Narzissten das A und O, sie ist regelrecht lebenswichtig. Das gilt sowohl für Beziehungen aller Art als auch für Jobsituationen. Hier umgeben sich Chefs gerne mit einer loyalen Truppe von Ja-Sagern. Droht am Horizont ein Hauch von Kritik, dann sind die Ja-Sager direkt zur Stelle und sorgen dafür, dass die Kritik entkräftet wird; alternativ stützen sie die Führungskraft und bestätigen sie. „Nein, das kann gar nicht stimmen, Sie haben alles richtig gemacht!"

Der Narzisst kommt gut mit seinem Leben klar, solange es so läuft. Wenn er genügend Bewunderung bekommt, Erfolg hat, beachtet wird oder in den sozialen Netzwerken jede Menge Likes einheimst und die Zahl der Follower ansteigt, ist er bester Laune. Offensichtlich erkennt die Umwelt seine Großartigkeit an. Da kann man dann auch mal kleine Zugeständnisse machen und wie ein Fürst Nettigkeiten an das „Volk" verteilen, d.h. freundlich, charmant und kooperativ sein.

Doch wehe, es kommt anders!

Steht der Narzisst nicht mehr im Mittelpunkt und auf der Sonnenseite des Lebens, erleidet womöglich eine Niederlage, so wird ihm der Boden unter den Füßen weggezogen. Und der Fall geht direkt ins Bodenlose! Bleibt die Bewunderung aus oder besteht plötzlich die Gefahr, dass jemand oder etwas an dem

Selbstwert des Narzissten kratzt, kommt es zu einer sogenannten „narzisstischen Kränkung". Und dafür reicht sogar positiv formulierte Kritik problemlos aus. Ja, selbst das kurze Wörtchen „nein" kann diese Krise bereits auslösen.

Während andere Menschen bei einer Niederlage oder bei Kritik vielleicht schwer schlucken, dann aber das Krönchen richten und weitermachen, stellt so etwas für den Narzissten eine handfeste Bedrohung dar. Denn das dringt durch bis in sein Innerstes, dort wo der labile Selbstwert versteckt ist.

Ist der Narzisst so tief verletzt worden (und das geht wie gesagt erstaunlich schnell!), dann ist er wirklich zum Äußersten fähig. Er schlägt dann postwendend zurück – ganz nach dem Motto: Angriff ist die beste Verteidigung! In seinen Mitteln ist er wahllos, von Beleidigungen bis hin zu Grenzüberschreitungen jeder Art. Manchmal sind sogar Gewaltausbrüche möglich. Eins sollte Dir klar sein: Bei einer narzisstischen Kränkung wird ein Betroffener unnachgiebig und mit aller Härte agieren. Denn nur wenn es Dir noch schlechter geht als ihm, kann er wieder ins Gleichgewicht zurückfinden.

Die Beziehungshölle:
Partnerschaft mit einem
Narzissten

Eine Partnerschaft mit einem Narzissten zu führen ist eine extreme Herausforderung. Das ist noch recht zurückhaltend formuliert, denn viele Menschen, die so etwas hinter sich haben, würden wohl eher den Begriff „Beziehungshölle" verwenden. Schließlich ist es unglaublich schwierig eine Partnerschaft auf Augenhöhe zu führen, wenn der eine Part ständig Aufmerksamkeit und Bewunderung fordert, sich dabei jedoch überhaupt nicht in das Gegenüber hineinversetzen kann. Wie, der Partner oder die Partnerin hat auch Wünsche? Unwichtig!

Die Wahrheit, die sich jeder klar vor Augen halten sollte, der mit einem Narzissten liiert ist: Dieser ist nicht in der Lage, eine echte Beziehung zu führen, die beide Partner erfüllt. Er ist nämlich unfähig, liebevoll und fürsorglich zu sein. Oder bist Du dazu bereit, Dich emotional abhängig zu machen und Dich Deinem Partner stets unterzuordnen? Sogar dann, wenn er Dich wieder einmal mit seiner Kontrollsucht traktiert? Wie gesagt: Untreue ist nur dem Narzissten gestattet – bei Dir ist das eine Todsünde! Schließlich wäre das eine Bloßstellung, die wiederum eine neuerliche narzisstische Kränkung auslösen könnte.

Und um sich selbst noch ein bisschen mehr aufzuwerten, wird der Narzisst über kurz oder lang damit beginnen, Dich abzuwerten, zu beleidigen und Dir vermeintliche Fehler vorzuwerfen. Alles läuft auf eine andauernde emotionale Manipulation hinaus, die extrem belastend ist.

Kannst Du Dir wirklich vorstellen, so etwas aufgrund einer Verliebtheit auszuhalten? Auf Dauer?

Hinzu kommt, dass vor allem in Langzeitbeziehungen ein regelrechtes Konkurrenzverhalten zwischen den Partnern auftreten kann, nämlich dann, wenn der Narzisst sich mit seinen Spielchen nicht durchsetzen kann und ihm sein Gegenüber Paroli bietet. Häufig werden dann genau die gleichen Psycho-Spielchen eingesetzt, auf die auch der Narzisst so gerne zurückgreift. Dies wird dann als „toxische Beziehung" bezeichnet.

Wie solltest Du aber am besten vorgehen, wenn Du zu spät feststellst, dass Du mit einem

Narzissten zusammengekommen bist? Hier ist es wichtig, einige Grundregeln zu beachten, damit Du nicht komplett untergehst und zu Schaden kommst. Bitte behalte aber dabei stets im Hinterkopf, dass sich die Beziehung selbst dadurch möglicherweise nicht retten lässt!

Entscheidend ist vor allem, dass Du Dir Deine eigene Stärke und Energie bewahrst. Lass Dich daher auch nicht von wichtigen Ressourcen (z.B. Freunden oder Hobbys) abschneiden, mit denen Du Deine Akkus wieder auftanken kannst! Und sei Dir sicher: Der Narzisst wird bestimmt versuchen, genau das zu tun.

Jetzt aber endlich die <u>fünf wichtigsten Regeln</u>:

1) **Halte Augen und Ohren offen!**
   Narzissten sind unglaublich gut darin, „Nebelkerzen" zu zünden – lass Dir nichts vormachen. Wenn er in der Vergangenheit immer wieder Probleme mit Menschen hatte (Kollegen, Partner etc.), wird er stets behaupten, dass die anderen Schuld waren. Überlege gut, ob das glaubhaft ist. Was sagen seine Bekannten dazu?

2) Ein Muss: Grenzen setzen!

Kannst Du dem Narzissten von einem Tag auf den anderen nichts mehr recht machen? Führt er Dich vor Freunden und Bekannten regelrecht vor oder gar beim Shopping in der City vor Wildfremden? Nörgelt er an Deinem Aussehen oder Deinem Outfit herum? Kurzum: Fühlt sich für Dich alles an wie ein Spießrutenlaufen? Dann reagiere SCHNELL darauf. Lass es nicht verläppern in der Hoffnung, dass der Narzisst von sich aus aufhört. Sage klipp und klar, dass das nicht okay ist und der Partner eine Grenze überschritten hat. Du bist nicht sein Untergebener, den er nach Herzenslust traktieren kann!

Ja, danach wird es erstmal unangenehm werden. Der Narzisst wird mit der Kritik nicht umgehen können (Er denkt sofort: „Das sagst Du ausgerechnet mir!"). Vielleicht betont er womöglich noch seine guten Absichten. Oder er flippt aus oder spricht über Tage nicht mit Dir. Halte das bitte aus und lass Dich dadurch nicht verunsichern. Das ist nämlich eins der typischen Machtspielchen – wer hat die Oberhand in eurer Beziehung? Wenn Du einknickst, hast Du verloren.

3) Vertraue auf Deine Stärke!

In einer Partnerschaft mit einem Narzissten brauchst Du vor allem eins: ein gesundes Selbstbewusstsein. Und davon eine ganze Menge. Denn eine seiner Methoden ist es, dich zu beleidigen und deinen persönlichen wunden Punkt zu treffen. Wieder und wieder. Das hältst Du nur aus, wenn Dein Selbstvertrauen einiges aushält.

Die ganzen Beleidigungen und Angriffe sind letztlich übrigens nur eins: Versuche, deine Aufmerksamkeit zu bekommen und Dich unter Druck zu setzen. Denn für einen Narzissten ist jede Aufmerksamkeit besser als keine – sogar, wenn es sich um negative Beachtung handelt.

4) Pflege Deine sozialen Kontakte!

Der Narzisst möchte, dass Du allein ihm Deine Aufmerksamkeit schenkst. Für ihn ist es ein No-Go, die Beachtung womöglich mit Freunden, Bekannten oder Verwandten teilen zu müssen. Das hält er nicht aus und wird alles versuchen, um andere Menschen aus Deinem Leben zu drängen. Mit welchen perfiden Techniken er dies tun wird, hast Du bereits erfahren.

Halte dagegen! Dein soziales Netzwerk ist unendlich wichtig, damit Du nicht den Bezug zur Realität verlierst und womöglich komplett vereinnahmt wirst. Und es wird sogar noch wichtiger, falls es zu einer Trennung kommt. Denn dann brauchst Du Leute, die Dich auffangen.

5) Entscheide Dich, ehe es zu spät ist!

Merkst Du, dass Dir auf lange Sicht doch die Puste ausgeht? Dass Du nicht mehr genügend innere Stärke und Energie besitzt, um das Ringen mit dem narzisstischen Partner fortzuführen? Dann mach bitte schnell einen klaren Schnitt und trenne Dich. Sonst läufst Du Gefahr, Schaden zu nehmen.

Die Trennung: Besser kein Schrecken ohne Ende!

Therapeuten raten in der Regel sogar dazu, sich schnellstmöglich aus einer Beziehung mit einem Narzissten zu lösen. Denn so etwas hinterlässt in jedem Fall Spuren bei Dir und Deine Psyche kann nachhaltig geschädigt werden. Nicht umsonst sind viele Menschen danach erst einmal „therapiereif". Aufgrund der fortwährenden Manipulationen des Narzissten haben die Opfer in der Regel nämlich ihr komplettes Selbstvertrauen verloren, auch Depressionen und Ängste können auftreten. Die therapeutische Unterstützung ist ebenfalls wichtig, damit Du nicht genau wieder an so einen Partner gerätst.

Worauf musst Du Dich aber einstellen, wenn Du Dich endlich zu dem Entschluss durchgerungen hast, einen Narzissten zu verlassen?

Die Trennung wird Dir eine ganze Menge abverlangen.

Insofern ist es unendlich wichtig, dass Du über genügend innere Stärke verfügst, um sie durchzustehen. Denn der Narzisst wird dafür sorgen, dass es keine Spazierfahrt wird. Für ihn ist das nämlich eine ernsthafte Kränkung und eine Schmach, wenn Du es wagst, ihn zu verlassen. Und das kann er natürlich nicht unkommentiert bleiben lassen. Im Klartext: Er wird alles versuchen, damit Du leidest.

Es geht schon damit los, dass der Narzisst immer behaupten wird, dass DU alleine Schuld an dem Scheitern der Partnerschaft bist. Stelle Dich also von vornherein darauf ein, dass er in diesem Punkt die Unwahrheit erzählen wird und seine Rolle im bestmöglichen Licht darstellt. Für ihn ist es immens wichtig, als „Sieger" zu erscheinen.

Und auch sonst wird er vor keiner Gemeinheit zurückschrecken, um sich an Dir zu rächen. Ohne die Anerkennung von außen ist der Narzisst nichts und genau dieses Lebenselixier entziehst Du ihm für immer. Die Niederlage wird eine Kettenreaktion auslösen, zu der auch das Gefühl der narzisstischen Kränkung gehört. Wie Du nun weißt, wird der Narzisst in so einem Fall unnachgiebig austeilen.

Trotzdem – bitte! – bleib bei Deiner einmal gefassten Entscheidung und lasse Dich nicht davon verunsichern, wie der Narzisst vielleicht reagiert. Hierbei geht es schließlich in erster Linie um Dich. Und wenn es schwierig werden sollte, denke bitte immer an eines: Auf Dich wartet wieder eine freie, selbstbestimmte Zukunft. Das ist es allemal wert!

Übrigens gibt es durchaus Leute, die sich aus Furcht vor dem narzisstischen Partner dazu entschlossen haben, die Trennung heimlich vorzubereiten und ihn dann vor vollendete Tatsachen zu stellen. Sprich: Sie haben sich eine Wohnung gesucht, dann an einem Tag, an dem der Narzisst mehrere Stunden außer Haus war den Umzug durchgezogen und sind dann schlicht aus seinem Leben verschwunden. Zurück blieb nur ein Zettel auf dem Küchentisch.

Klingt irgendwie unheimlich, nicht wahr? Doch mal ganz im Ernst: Warum solltest Du dem Narzissten gegenüber Skrupel haben? Er hat Dir gegenüber ja auch keine.

Nach der Trennung: Wieder auf eigenen Füßen

Am besten ist es, wenn Du für die Zeit nach der überstandenen Trennung schon einen Plan in der Hinterhand hast. So hast Du bessere Chancen, dann nicht in ein dunkles Loch zu fallen. Nimm Dir erst einmal die Zeit, die Du brauchst, um die endlich überstandene Beziehung in Ruhe zu verarbeiten. Dies ist entscheidend, damit Du mit den ganzen Ereignissen und Emotionen klarkommst.

Der erste Schritt sollte es daher sein, dass Du innerlich eine Distanz herstellst – zum narzisstischen Partner, seinen Psycho-Spielchen und der vergeudeten Zeit an der Seite so eines Menschen. Versuche, mit dem Ganzen abzuschließen, um den Kopf wieder frei zu bekommen und Dein Leben wieder zu genießen. Diese Zeit brauchst Du auch, damit sich Dein Selbstwertgefühl, das vermutlich extrem gelitten hat, wieder erholt und Du zu dem Menschen wirst, der Du früher gewesen bist.

Versuche besser nicht, im Nachgang mit dem Narzissten über alles persönlich reden zu wollen, um mit der Sache abzuschließen. Dieser Mensch wird die Gelegenheit nutzen, um Dich noch einmal zu verletzen. Denke stets daran: Der Narzisst muss zwanghaft Sieger sein. Schreibe ihm lieber einen Brief, wenn Du das intensive Bedürfnis hast, noch etwas loszuwerden. Hier kannst Du alles rauslassen und die ganzen Gedanken und Emotionen zu Papier bringen. Aber überlege bitte gut, ob Du den Brief wirklich abschicken willst. Bedenke, dass der Narzisst dies als Munition verwenden könnte, um Dich bei gemeinsamen Freunden oder bei Bekannten anzuschwärzen oder womöglich sogar lächerlich zu machen. Du weißt, wie geschickt er sein kann, wenn es gilt, Fakten zu verdrehen.

Manchmal kann es helfen, dem Narzissten oder sich selber zu vergeben, um endlich abzuschließen mit dem Erlebten. Ist das ein Weg, der für Dich in Frage kommt? Prüfe einmal in Ruhe, wie sich das für Dich anfühlt, wenn Du dem narzisstischen Partner vergibst. Es ist passiert, es war eine wichtige Erfahrung in Deinem Leben, jetzt kannst Du zu neuen Ufern. Vielleicht macht es auch Sinn, wenn Du Dir selber vergibst. Manche Menschen machen sich nämlich noch lange Vorwürfe, auf einen Narzissten reingefallen zu sein. Doch halte Dir bitte immer vor Augen: Narzissten sind unfassbar geschickt darin anderen vorzuspielen, dass sie die perfekten Partner sind. So ein Fehler kann nahezu jedem unterlaufen.

Zu guter Letzt solltest Du auch einmal ernsthaft darüber nachdenken, ob vielleicht eine Therapie oder ein Coaching sinnvoll ist. In gemeinsamen Gesprächen und mit gezielten Übungen kann Dir ein Therapeut oder Coach helfen, das Erlebte zu verarbeiten und deinen Selbstwert wiederherzustellen. Nach besonders schwierigen Trennungen kann das tatsächlich ein guter Schritt sein.

Hast Du die Beziehung endlich hinter Dir gelassen, wird es dringend Zeit wieder nach vorne zu schauen! Was so viel heißt wie: Werde wieder glücklich. Tue Dir etwas Gutes, gehe wieder aus, mach Sport, lerne neue Leute kennen, gönn' Dir einen schönen Urlaub. Vielleicht bist Du auch irgendwann wieder bereit für eine neue Partnerschaft, die Dir endlich die Liebe, Fürsorge, Geborgenheit sowie den Respekt bietet, die Du verdienst.

Am Arbeitsplatz: Was tun, wenn es zu Mobbing oder Bossing kommt?

Im Durchschnitt arbeitet man bei einer Vollzeitstelle mit 40 Stunden die Woche insgesamt rund 1.700 Stunden im Jahr. Und sie fühlen sich sogar noch deutlich länger an, wenn an Deinem Arbeitsplatz eine Person mit narzisstischen Charakterzügen arbeitet. Natürlich gibt es immer ein paar eher nervige Kollegen oder auch mal einen Vorgesetzten, den man lieber von hinten als von vorne sieht. Doch Narzissten legen mit ihren besonderen Wesenszügen und Psychotricksereien noch eine Schippe drauf und können einem den Arbeitstag wirklich vermiesen.

Erstaunlicherweise – oder auch eher unglücklicherweise – sind narzisstische Persönlichkeiten sogar durchaus von Vorteil für Unternehmen. Schließlich zeigen sie im Arbeitsleben häufig eine Seite von sich, die hier gerne gesehen ist. Gerade männliche Narzissten definieren sich nun einmal besonders gerne über berufliche Erfolge.

Narzissten beiderlei Geschlechts sind extrem leistungsbereit und gehen auch gerne an die

Leistungsgrenzen, wenn am Ende entsprechende Anerkennung winkt. Mit Höchstleistungen hoffen diese Menschen, sich die Bewunderung anderer zu sichern. Des Weitern kann ihre offene, unterhaltsame Art den Teamgeist stärken und das Arbeitsklima durchaus auch mal verbessern. Auch kann ihre Euphorie bei einem Projekt die anderen Teammitglieder zu besseren Leistungen anstacheln. Allerdings ist es tödlich, wenn mehr als zwei Narzissten in einem Team zusammenarbeiten sollen.

Sitzt ein Narzisst in der Chefetage, so kann ein Unternehmen dadurch deutlich innovativer werden. Schließlich bedeuten wichtige Innovationen große Möglichkeiten und große Risiken – und das zieht Narzissten natürlich unwiderstehlich an. Denn hier winkt am Ende bei einem Erfolg besonders viel Aufmerksamkeit. Und mit etwas Glück sogar noch Scheinwerferlicht. Damit ist der Narzisst im Himmel!

Schön für die Unternehmensleitung, denkst Du Dir jetzt vielleicht – aber der Arbeitsalltag ist meist alles andere als angenehm … Narzissten können am Arbeitsplatz eine echte Belastung darstellen, weil sie eben auch hier ihre

Wutausbrüche oder das ständige Manipulieren nicht sein lassen können. Wird ein anderer Kollege gelobt, sind sie neidisch. Arbeiten sie im Team, schmücken sie sich gerne mit fremden Federn und geben Erfolge als ihre eigenen aus. Fehler? Machen natürlich nur die anderen! Mobbing gehört zu ihrem Standard-Repertoire, wie Du bereits weißt. Insofern können sie für jede Menge Unruhe sorgen.

Wie kriegst Du Narzissten auf der Arbeit in den Griff?

Hast Du es bereits damit versucht, den Narzissten in Deinem Umfeld zu ignorieren oder ihm aus dem Weg zu gehen? Und? War das erfolgreich? Vermutlich hast Du damit sogar das Gegenteil erreicht, denn anstatt aus der Schusslinie zu kommen, gerätst Du so nur noch mehr in den Fokus des Narzissten. Solche Verhaltensweisen kann er nicht einschätzen und das kann er gar nicht leiden. Das triggert ihn in seiner inneren Unsicherheit.

Allerdings sind Feedback (womöglich noch ein ehrliches) oder Kritik (ohne jeglichen Angriff) auch keine wirklich guten Ideen. Du weißt ja bereits, Kritik kann der Narzisst gar nicht vertragen. In der Regel setzt er dann alles daran, Dich vor den anderen dumm dastehen zu lassen. In jedem Fall wird er versuchen sich zu rächen und Dich bloßzustellen. Weist der Mitarbeiter nur sehr schwach ausgeprägte narzisstische Züge auf, so kannst Du es zumindest mit sehr, sehr vorsichtig formuliertem, positivem Feedback probieren – aber bitte erst, wenn der Vorgesetzte weg ist. Dann kannst Du vielleicht sogar erwähnen, dass Du Dir das Verhalten in der Zukunft verbittest. Aber hier unbedingt auf das eigene Bauchgefühl hören!

Sitzt ihr in einem Meeting und der Narzisst kritisiert mal wieder nach allen Regeln der Kunst? Lass Dich nicht provozieren und führe das Gespräch wieder zurück auf die Arbeit. Beispielsweise kannst Du fragen: „Was soll ich nun genau tun?"

Äußert ein Narzisst Bedenken (vielleicht sogar eine Führungskraft), während alle anderen Deine Idee gut finden, hole ihn ins Boot und frage ihn, was ihn beunruhigt und zweifeln lässt.

Streiten mit einem Narzissten ist der falsche Weg, das weißt Du ja bereits, deshalb solltest Du es Dir verkneifen, ihm mal so richtig die Meinung zu sagen. Das könnte nämlich sogar eine ausgewachsene narzisstische Krise auslösen. Versuch es doch mal umgekehrt: Narzissten lieben Lob, sie brauchen es sogar wie eine Pflanze das Wasser. Lobe den Narzissten doch einfach mal, wenn er sich „korrekt" verhalten hat – also nicht narzisstisch. Das nennt sich dann positive Verstärkung; Du förderst einfach erwünschtes Verhalten.

Kommst Du so leider nicht weiter, solltest Du die nächste Eskalationsstufe anpeilen. Sprich: Führe Tagebuch! Notiere hier sämtliche Attacken und Schikanen des Narzissten samt Ort, Zeit sowie Zeugen. Mit diesem Mobbing-Tagebuch kannst Du dann gegebenenfalls zum Betriebsrat oder in die Personalabteilung gehen. Allerdings kann sich so etwas als zweischneidiges Schwert entpuppen, denn, wie gesagt, Narzissten sind wegen ihrer häufig besonders großen Leistungsbereitschaft meist gern gesehene Mitarbeiter.

Klappt es mit einer Beschwerde nicht, dann solltest Du ernsthaft darüber nachdenken, ob nicht ein neuer Job eine Option wäre. Leider.

Wenn der Chef stresst: Mit narzisstischen Vorgesetzten umgehen

„Attraktive, intelligente und gebildete Psychopathen, die in einer wohlhabenden Familie groß geworden sind, rauben keine Bank aus, sie werden Bankvorstand."

So umschreibt der kanadische Kriminalpsychologe Robert Hare das Phänomen von Narzissten in Führungspositionen. Und tatsächlich kommt er der Wahrheit – leider – ziemlich nahe. Narzissmus kann ein echter Motor für eine steile Karriere sein, denn solche Menschen sind nicht nur leistungsstark und können sich gut durchsetzen, sie verfügen zudem über die nötige Rücksichtslosigkeit, um sich mit allen Mitteln nach oben zu arbeiten. Der ihnen innewohnende Neid ist dabei ein weiterer guter Motivator.

Hat er endlich die Spitzenpositionen erreicht, so wird es allerdings zunehmend einsam um den Narzissten. Außerdem entwickelt er regelrechte Allmachtsphantasien: Kritik ist Majestätsbeleidigung, Gesetze gelten nur für andere. Genauer: für Dumme. Der Klassiker sind narzisstische Vorstände, die Steuerbeträge in Millionenhöhe am Fiskus vorbeischmuggeln. Für den Narzissten sind das schlicht „Peanuts".

Wie gehst Du nun am besten mit Chefs um, die narzisstische Züge aufweisen? Dabei solltest Du unbedingt berücksichtigen, dass es auch hier verschiedene Ausprägungen gibt. Und je nach Typus variiert die beste Option. Die vier Varianten sind:

Der Blender

Seine Devise ist eindeutig: Schöner Schein, aber nichts dahinter. Er spielt sich als der Allerbeste auf und gibt sich als echter Fachmann, doch dahinter steckt – nichts. Auf vorsichtige Kritik wird er vermutlich bloß fragen: „Wo ist hier bitte das Problem?" Zwar ist er selber sehr launenhaft, aber mit Emotionalität kann er nichts anfangen. Wenn Du es schaffst, eine gute Mehrheit für etwas zusammenzubringen, schließt er sich meist gerne an. Vor allem, wenn Du ihm noch ein Hintertürchen bereitstellst.

Der Kontrolleur

Seine Passion: kontrollieren. Kommt es zum Kontrollverlust, so wird er schnell panisch. Deshalb reißt er sämtliche Verantwortung an sich, delegieren ist ihm ein Graus. Dafür plant er alles geradezu zwanghaft bis ins kleinste Detail. Das ewige Kontrollieren begründet er damit, dass er eben einen hohen Qualitätsanspruch hat. Unglücklicherweise überlastet er sich so komplett mit Arbeit. – Schlage den Kontrolleur mit seinen eigenen Waffen! Sei einfach noch genauer als er. Dadurch hält er Dich für einen Verbündeten, dem er vertrauen kann.

Der Manipulator

Er ist charmant und kann sich extrem gut ausdrücken, so wickelt er wirklich jeden um den Finger. Seine Masche: Er gibt allen den Eindruck auf ihrer Seite zu sein – dabei geht es ihm nur um seinen eigenen Vorteil. Ist ihm ein Mitarbeiter nicht mehr nützlich, wird der fallengelassen wie eine „heiße Kartoffel". Hier geht es nur um den Vorteil des Manipulators! Auch hier ist die beste Devise: Tu es ihm gleich! Spiel sein Spiel mit – aber signalisiere ihm gelegentlich, dass Du weißt, was hier eigentlich abläuft. Und sieh zu, dass Du Dich rechtzeitig nach einem anderen Job umschaust, denn das Verhalten des Manipulators ist nicht vorhersehbar.

Der Unfehlbare

Er hält sich nicht nur für ein verkanntes Genie, sondern ist auch noch ein extremer Choleriker. Insofern gehören Schreien und Brüllen zu seinen bevorzugten Kommunikationsformen. Klappt etwas nicht, so hat er das natürlich immer schon gewusst. – Hast Du so einen Vorgesetzten erwischt, dann solltest Du unbedingt lernen, innerlich auf Durchzug zu schalten. Denn bei Schreihälsen ist Gegenhalten keine Option. Besser ist es, das Ganze einfach über sich ergehen zu lassen. Und bitte unbedingt dabei Blickkontakt behalten. Da er sich für gottgleich hält, solltest Du seine Ratschläge ruhig annehmen und Dich darüber möglichst freuen. Denn Götter sind süchtig nach Anerkennung.

Wege aus der Psychofalle: 10 ultimative Powertipps contra Narzissmus

Hier noch einmal kurz und prägnant zusammengefasst die wichtigsten Tipps für den Umgang mit Menschen mit narzisstischen Charakterzügen oder Narzissten:

1) Souveräner Kontrollentzug

Gib dem Narzissten keine Macht über Dich! Lass Dir Deine Freunde und Bekannten nicht vermiesen, triff Dich mit ihnen, wenn Du Lust dazu hast. Ebensowenig solltest Du Dir Zeiten o.ä. vorschreiben lassen. Übernimm wieder selber Verantwortung für Dein Leben.

2) Klare und eindeutige Aussagen verlangen

Gib Dich nicht mehr mit watteweichen Aussagen zufrieden, die der Narzisst später beliebig verdrehen kann. Verlange, dass er sich konkret äußert. Zur Not machst Du das Ganze schriftlich.

3) Die eigene Selbstdarstellung optimieren

Arbeite an Dir selbst – wie möchtest Du auf andere wirken? Stark und selbstbewusst oder klein und schüchtern? Übe ein selbstsicheres Auftreten, es wird Dir nützen.

4) Tue Dir selbst etwas Gutes

Sorge für Auszeiten von der Partnerschaft und tue etwas, das Deine Stimmung hebt und Dich stärkt. Ein Urlaub nur für Dich? Wellness? Sport? Ein VHS-Kurs? Lass Deiner Phantasie freien Lauf und lade damit Deine Akkus auf.

5) Gestalte Deine Zukunft eigenständig

Lass Dich nicht komplett von dem Narzissten vereinnahmen und lasse ihn schon gar nicht eure und damit auch Deine Zukunft planen! Besser ist es, wenn Du Dir selber überlegst, was Du noch erreichen willst und das dann auch in die Tat umsetzt.

6) Realistisch bleiben

Zu den wichtigsten Werkzeugen von Narzissten gehören Manipulationen und Lügen. Umso entscheidender ist es, dass Du den Blick für die Realität behältst. Glaube Deinem narzisstischen Partner maximal die Hälfte und checke besser immer nochmal gegen.

7) Standhaft sein

Rücke nicht von einer einmal getroffenen Entscheidung ab, auch wenn der Narzisst wieder einmal alle Register zieht. Er muss lernen, dass er Dich nicht immer nach Belieben umstimmen kann.

8) Stärke zeigen

Ein „Nein" ist ein „Nein" – auch wenn
der Narzisst tobt, jammert, dich
schneidet oder krank spielt. Bleib dabei.

9) Habe ein starkes Fundament

Vernachlässige auf gar keinen Fall
Deine sozialen Kontakte! Freunde,
Bekannte und Familie sind eine enorm
wichtige Ressource. Sie verankern Dich
in der wahren Welt.

10) Beziehungsabbruch

Wenn Du merkst, dass Deine
persönliche Grenze überschritten ist,
dann zieh klar einen Schlussstrich. Es
geht schließlich um Dein Leben – und Du
hast nur dieses eine. Verschwende es
nicht in einer Beziehung, die Dir nicht
guttut.

Ausblick: Alles wird gut!

Wie fühlst Du Dich jetzt?

Die Wahrheit über narzisstische Menschen kann unglaublich ernüchternd sein, vor allem, wenn man plötzlich realisiert, wie sie einen manipuliert haben. Welche Methoden musstest Du am eigenen Leib erfahrenen?

Doch wie auf so vielen anderen Gebieten auch gilt in Bezug auf das Thema Narzissmus vor allem eins: Wissen ist Macht. Denn nun bist Du in der Lage, dank Deines neuen Wissens, genau einzuschätzen, was in Deiner Beziehung oder an Deinem Arbeitsplatz vorgeht. Das versetzt Dich in die glückliche Lage, nun auch mögliche neue Schachzüge des Narzissten vorherzusehen und künftig besser darauf zu reagieren. Besser heißt in dem Sinne: nicht mehr auf seine Verhaltensweisen anzuspringen.

Mithilfe der genannten Tipps hast Du sogar jetzt eigene Handlungsoptionen, mit denen Du den Narzissten sicherlich überraschen wirst. Er rechnet nicht damit, dass Du nicht mehr wie Wachs in seinen Händen bist und Dich nach Belieben formen lässt. Und das ist gut!

Bitte lass Dich nicht verunsichern, wenn der Narzisst anfängt zu schreien oder zu schmollen. Bleib bei Deiner Linie und erkämpfe Dir Deine persönliche Freiheit wieder zurück. Du hast jedes Recht darauf! Denn eins bist Du ganz sicher nicht: Ein Spielzeug für Narzissten! Behalte das bitte stets im Hinterkopf, denn auch Du hast ein Recht auf ein erfülltes Leben.

Du schaffst das!

ANHANG

Die DSM-4 Kriterien der narzisstischen Persönlichkeitsstörung

Um einzuschätzen, ob jemand an einer echten narzisstischen Persönlichkeitsstörung (der pathologischen Variante des Narzissmus) leidet, wird von Fachleuten das Diagnostic and Statistical Manual of Mental Disorders, Fourth Edition [DSM] verwendet. Dieses wird in den USA erstellt.

Im ebenfalls weltweit genutzten ICD 10 (International Classification of Diseases and Related Health Problems), das von der

Weltgesundheitsorganisation WHO herausgegeben wird, findet die narzisstische Persönlichkeitsstörung nicht weiter gesondert Erwähnung. Hier zählt sie vielmehr zu den Unterpunkten; deshalb wird bei einer klinischen Diagnose auf das DSM zurückgegriffen.

Liegen folgende Kriterien vor, so weist eine Person laut DSM-4 eine narzisstische Persönlichkeitsstörung auf:

1. Sie ist von ihrer eigenen übergroßen Wichtigkeit überzeugt (dabei werden Leistungen und Talente stark überhöht wahrgenommen und dargestellt. Die Person geht aber auch davon aus, dass sie auch ohne besondere Erfolge von anderen Menschen als überlegen wahrgenommen wird).

2. Sie träumt von großem Erfolg, Macht, Brillanz, Schönheit oder geht davon aus, dass sie die ideale Liebe verdient.

3. Sie ist sich sicher, ein besonderer Mensch zu sein sowie einzigartig. Verstehen können dies lediglich nur

andere Personen, die ebenfalls aus der
Masse herausgehoben sind. Deshalb ist
es so wichtig, mit besonderen oder
hochgestellten Menschen zu verkehren.

4. Sie ist auf übergroße Bewunderung
   angewiesen.

5. Sie hat ein ausgeprägtes
   Anspruchsdenken. Für sie ist es
   selbstverständlich, dass sie eine
   besondere Behandlung verdient und die
   anderen Menschen sich nach den
   jeweiligen Erwartungen richten.

6. Sie ist ausbeuterisch, vor allem in Bezug
   auf Partner. Wichtig ist vor allem die
   Befriedigung eigener Bedürfnisse,
   hierzu andere auszunutzen ist legitim.

7. Die Gefühle anderer Menschen sind
   weder verständlich noch wichtig.
   Einfühlungsvermögen ist nicht
   vorhanden.

8. Neid ist ein wichtiges Thema.
    Unbewusst besteht häufig Neid auf
    andere, vielfach wird denen aber
    wiederum Neid unterstellt.

9. Sie zeigt sehr überhebliches Verhalten
    und äußert entsprechende Ansichten.

Wichtig: Alle Symptome müssen erstmals im frühen Erwachsenenalter aufgetreten sein.

Selbsttest: Toxische Beziehungsmuster

Frage	Trifft zu	Trifft nicht zu	Weiß nicht
Ich weiß oft gar nicht warum, aber mein Partner ist häufig böse auf mich.			
Wir streiten immer wieder über Sachen, die ich als Kleinigkeiten empfinde. Das Ganze endet immer in einer dramatischen Szene.			
Mein Partner kann neue Ideen oder Änderungen nicht leiden.			
Ist mein Partner mit anderen Menschen zusammen, ist er witzig und unglaublich charmant, kaum ist die Wohnungstür zu,			

muffelt er nur noch vor sich hin.			
Bei ihm haben immer die anderen Schuld.			
Manchmal sieht er/sie mich so an, als wäre ich der dümmste Mensch auf der ganzen Welt.			
Mein Partner kritisiert mich in einer Tour, meine Freunde finden die Eigenschaften aber gar nicht so schlimm.			
Mein Partner macht nur Witze auf Kosten anderer. Lacht jemand über ihn/sie bricht sofort die Hölle los.			
Manchmal berichtet mir mein Partner, was andere Gemeines über mich sagen. Das tut mir dann unglaublich weh.			
Ich versuche ihm/ihr			

alles recht zu machen, weil ich keinen neuen Streit will.			
Früher war ich taff und hatte eine eigene Meinung, jetzt fühle ich mich nur noch wie ein Opfer.			
Mein Partner tut immer so, als hätte nur er/sie recht, aber oft ist das dann völliger Quatsch. Ich sage aber nichts, um keinen Streit zu provozieren.			
Manchmal führt er/sie sich auf wie ein Richter, der mich abkanzelt.			
Er/sie hat nie Geduld.			
Er/sie beschwert sich, dass ich keine Initiative ergreife. Aber wenn ich mal etwas entscheide, ist es grundsätzlich falsch.			

Über meine Erfolge darf ich gar nicht reden. Die werden grundsätzlich kleingemacht oder verlacht.			
Egal was er/sie tut – ich muss immer sagen, wie großartig das war. Sonst schmollt er/sie wieder.			
Am liebsten würde ich alles hinschmeißen, es ist alles so anstrengend.			
Ich werde häufig beschimpft oder kleingemacht.			
Wenn ich mich weiterbilden will, dann erklärt er/sie mir immer, dass das alles Quatsch sei und albern ist.			
Die Verantwortung muss ich immer tragen, wenn mal was			

schief geht, dann höre ich immer: Ich hab's ja gleich gesagt ...			
Wenn ich ihm nicht zur Ehre gereiche in öffentlichen Situationen, dann werde ich hinterher beschimpft und niedergemacht.			
Ich traue mich nicht mehr, meine wahren Gedanken zu sagen. Denn meine Schwächen verwendet er/sie immer bei Streitereien gegen mich.			
Mein Partner ist ein rücksichtsloser Autofahrer.			
Wenn ich krank bin, sagt er/sie nie Termine ab. Im Gegenzug wird das aber von mir verlangt.			
Mir wird häufig das			

Wort im Mund verdreht.			
Ich fühle mich oft hilflos. Manchmal tue ich deshalb so, als wäre ich krank.			
Ich gebe mir immer öfter selber die Schuld, vielleicht bin ich wirklich zu dumm und zu ungeschickt.			
Er/sie lügt mich an und verkauft öfters meine Ideen als seine/ihre eigenen.			
Er/sie geht fremd.			
Wenn jemand anders so behandelt wird, wie er/sie das mit mir tut, dann schimpft er/sie, das wäre nicht ok.			
Ich habe noch nie eine Gehaltsabrechnung gezeigt bekommen.			
Wenn ich keine Lust auf eine			

Unternehmung habe, dann muss ich trotzdem mit. Für ihn/sie gilt das umgekehrt aber nicht.			
Ich weiß schon gar nicht mehr, wann wir mal einen schönen, unbeschwerten Tag hatten.			
In seiner/ihrer Anwesenheit bin ich immer angespannt.			
Er/sie ändert seine/ihre Meinung ständig.			
Es kommt öfter vor, dass wir streiten und ich irgendwann nur noch weinen kann. Dann wird er/sie stinksauer und macht mir Vorwürfe, hinterher werde ich ignoriert. Irgendwann entschuldige ich mich			

dann für mein „blödes" Verhalten – dabei weiß ich nicht einmal warum.			
Nach manchen Streits zeigt er/sie Reue und verspricht, dass sich alles ändert. Aber es passiert nichts.			
Wir hatten so einen Spaß in der ersten Zeit, es war perfekt. Was ist bloß mit uns passiert?			
Ich bin einfach nur noch unglücklich, würde mich am liebsten trennen – aber ich habe Angst vor seiner/ihrer Reaktion.			

Auswertung:

Die Auswertung ist ganz einfach. Zähle einfach zusammen, wie viele Male Du „Trifft zu" angekreuzt hast. Je höher die Zahl ist, desto größer ist die Wahrscheinlichkeit, dass Du Dich in einer toxischen Beziehung mit einem Narzissten verfangen hast. Bei sehr hohen Werten solltest Du überlegen, ob Du Hilfe brauchst oder eine Trennung die richtige Option wäre. Denn dann bist Du möglicherweise bereits dabei, seelischen Schaden zu nehmen.

Über die Autorin

Andrea Ellis ist Life Coach und hat viel Erfahrungen mit der Arbeit mit Narzissmus-Opfern. Es ist dabei ihre Aufgabe den Selbstwert der Betroffenen im 1:1-Coaching wiederherzustellen.

Dieses Buch stellt einen wichtigen Bestandteil ihrer Arbeit dar. Um ihr zu helfen mehr Betroffene zu erreichen, freut sie sich über positive und konstruktive Rezensionen.

Über die Buchreihe „Erkennen & Verstehen"

Die Buchreihe „Erkennen & Verstehen" ermöglicht es **jungen Autorinnen** ins Scheinwerferlicht zu treten.

Die Autorinnen beschäftigten sich alle - ursprünglich aus einem privaten Grund - mit einem Thema, das zu einer **Herzensangelegenheit** wurden.

Sie alle verbindet der Wunsch ihr Thema in die Öffentlichkeit zu tragen – und BMmedia gibt ihnen die Chance dazu:

Weitere Bücher aus der Reihe „Erkennen & Verstehen":

Prokrastination verstehen und überwinden – Schluss mit Aufschieberitis! An sofort bin ich ein Macher!

von Ella Smits

https://amzn.to/3ebVl8B
*

Zwänge verstehen und bewältigen – 17 erste Schritte zur Selbsthilfe bei Zwangsstörungen

von Finja Winter

https://amzn.to/2PctaMB
*

Hochsensibel – Was tun, wenn Du ahnst, dass Du hochsensibel bist? Wie Du mit Deiner Hochsensibilität am besten umgehst und sie zu Deinem Vorteil nutzt.

von Lena Steinkamp

https://amzn.to/2zZeJXQ
*

Hast Du auch ein Herzensthema, das Du in einem Buch verständlich aufbereiten möchtest? Dann melde dich unter media@britta-manthee.de

Quellen

Zitierte Studien

Brunell, Amy B., Gentry, William A., Campbell, W. Keith et al. (2008): Leader Emergence: The Case of the Narcissistic Leader. Pers Soc Psychol Bull. 2008 Dec;34(12):1663-76. doi: 10.1177/0146167208324101.

Buffardi, L.E., Campbell, W.K. (2008): Narcissism and social networking Web sites. Pers Soc Psychol Bull. 2008 Oct; 34(10): 1303-14. doi: 10.1177/0146167208320061.

Campbell, W. Keith, Bosson, J.K., Goheen, T.W., Lakey, C.E., Kernis, M.H. (2007): Do narcissists dislike themselves "deep down inside"? Psychol Sci. 2007 Mar; 18(3): 227-9; doi: 10.1111/j.1467-9280.2007.01880.x

Campbell, W. Keith, Foster, Craig A., Finkel, Eli J. (2002): Does Self-Love Lead to Love for Others? A Story of Narcissistic Game Playing. Journal of Personality and Social Psychology, 2002, Vol. 83, No. 2, 340 –354; doi: 10.1037//0022-3514.83.2.340.

Dufner M. et al. (2014): Narcissistic Tendencies Among Actors: Craving for Admiration, But Not at the Cost of Others. *Social Psychological and Personality Science,* Published online before print December 19, 2014; doi: 10.1177/1948550614564224.

Gramzow, Richard, Tangney, June Price (1992): Proneness to Shame and the Narcissistic Personality. doi: 10.1177/0146167292183014.

Holtzman, Nicolas S., Strube, Michael (2019): Narzissm and attractiveness. Journal of Research in Personality, Volume 44, Issue 1, February 2010, Pages 133-136; doi: 10.1016/j.jrp.2009.10.004.

Horton, Robert S.: Parenting as a Cause of Narcissism. Empirical Support for Psychodynamic and Social Learning Theories. In: W. Keith Campbell, Joshua D. Miller (Hrsg.): The Handbook of Narcissism and Narcissistic Personality Disorder. Theoretical Approaches, Empirical Findings, and Treatments. Wiley, Hoboken 2011, ISBN 978-0-470-60722-0, S. 187.

Russ, E., Shedler, J., Bradley, R. & Westen, D. (2008), Refining the Construct of narcissistic personality disorder: diagnostic criteria and subtypes. *Journal of Psychiatry, 165,* 1473-1481.

Vernon, Philip A., Villani, Vanessa C., Vickers, Leanne C., Harris, Julie A.: A behavioral genetic investigation of the dark triad and the big 5. In: Personality and Individual Differences. Band 44, 2008, S. 445–452.

Twenge, Jean M., Foster, Joshua (2010): Birth Cohort Increases in Narcissistic Personality Traits Among American College Students, 1982–2009; in Social Psychological and Personality Science 1(1):99-106 · January 2010; doi: 10.1177/1948550609355719.

Young, S. Mark, Pinsky, Drew (2006): Narcissism and celebrity. Journal of Research in Personality 40 (2006) 463–471; doi: 10.1.1.627.88.

Weiterführende Literatur

Faust, Volker (): Narzissmus. Von der zeittypischen egoistischen Selbstverliebtheit bis zur narzisstischen Persönlichkeitsstörung. In der Reihe: Psychiatrie heute - Seelische Störungen erkennen, verstehen, verhindern, behandeln. Arbeitsgemeinschaft Psychosoziale Gesundheit, http://www.psychosoziale-gesundheit.net/.

Forward, Susan; Frazier, Donna (2000): Emotionale Erpressung. Wenn andere mit

Gefühlen drohen. München, Goldmann. https://amzn.to/398QC5F *

Haller, Reinhard (2013): Die Narzissmusfalle. Anleitung zur Menschen- und Selbstkenntnis. Salzburg, Ecowin. https://amzn.to/388694n *

Ofenstein, Christopher (2010): Lehrbuch Heilpraktiker für Psychotherapie. München, Urban & Fischer. https://amzn.to/32xvEeh *

Röhr, H.-P. (2013): Narzissmus – Das innere Gefängnis. München: dtv-Verlag. https://amzn.to/386yVSL *

Sachse, Rainer (2002): Histrionische und Narzisstische Persönlichkeitsstörungen. Göttingen ; Bern [u.a.], Hogrefe, Verl. für Psychologie. https://amzn.to/2T8OcON *

Telfener, Umberta (2009). Hilfe, ich liebe einen Narzissten. München: Arkana-Verlag. https://amzn.to/2uBhFHC *

Wardetzki, Bärbel (2007): Weiblicher Narzissmus: Der Hunger nach Anerkennung. München: Kösel-Verlag. https://amzn.to/32DAxCn *

* Die mit Sternchen (*) gekennzeichneten Links sind sogenannte Affiliate-Links. Wenn Du auf einen solchen Affiliate-Link klickst und über

diesen Link einkaufst, bekomme ich von dem betreffenden Online-Shop oder Anbieter eine Provision. Für Dich verändert sich der Preis nicht – manchmal ermöglicht Dir der Link aber auch Zugang zu einem besseren Angebot. Wenn Du das nicht möchtest, ist das auch vollkommen in Ordnung!

Impressum

Angaben gemäß §5 TMG

Andrea Ellis wird repräsentiert durch:

Britta Manthée
Britta Manthée Media
Zur Zuckerfabrik 9
61169 Friedberg

Kontakt
Mail: media@britta-manthee.de
Web: www.britta-manthee.de

Umsatzsteuer
Umsatzsteuer-Identifikationsnummer gemäß §27 a Umsatzsteuergesetz:
DE327262527

Haftung für Inhalte
Alle Texte, Informationen und Hinweise stellen keine Beratung oder Empfehlung dar. Sie wurden aus bestem Wissen und Gewissen aus öffentlichen Quellen übernommen. Der Inhalt dieses Buches dient der Bildung und Veranschaulichung. Eine Haftung für Richtigkeit und Vollständigkeit kann nicht übernommen werden. Solltest Du den Informationen folgen,

handelst Du eigenverantwortlich.

Als Diensteanbieter sind wir gemäß § 7 Abs.1 TMG für eigene Inhalte in diesem Buch nach den allgemeinen Gesetzen verantwortlich. Nach §§ 8 bis 10 TMG sind wir als Diensteanbieter jedoch nicht verpflichtet, übermittelte oder gespeicherte fremde Informationen zu überwachen oder nach Umständen zu forschen, die auf eine rechtswidrige Tätigkeit hinweisen.

Verpflichtungen zur Entfernung oder Sperrung der Nutzung von Informationen nach den allgemeinen Gesetzen bleiben hiervon unberührt. Eine diesbezügliche Haftung ist jedoch erst ab dem Zeitpunkt der Kenntnis einer konkreten Rechtsverletzung möglich. Bei Bekanntwerden von entsprechenden Rechtsverletzungen werden wir diese Inhalte umgehend entfernen.

Haftung für Links

Unser Angebot enthält Links zu externen Websites Dritter, auf deren Inhalte wir keinen Einfluss haben.

Deshalb können wir für diese fremden Inhalte auch keine Gewähr übernehmen. Für die Inhalte der verlinkten Seiten ist stets der jeweilige Anbieter oder Betreiber der Seiten verantwortlich. Die verlinkten Seiten wurden zum Zeitpunkt der Verlinkung auf mögliche Rechtsverstöße überprüft. Rechtswidrige Inhalte waren zum Zeitpunkt der Verlinkung nicht erkennbar.

Eine permanente inhaltliche Kontrolle der verlinkten Seiten ist jedoch ohne konkrete Anhaltspunkte einer Rechtsverletzung nicht zumutbar. Bei Bekanntwerden von Rechtsverletzungen werden wir derartige Links umgehend entfernen.

Urheberrecht

Die durch den Autor erstellten Inhalte und Werke in diesem Buch unterliegen dem deutschen Urheberrecht. Die Vervielfältigung, Bearbeitung, Verbreitung und jede Art der Verwertung außerhalb der Grenzen des Urheberrechtes bedürfen der schriftlichen Zustimmung des jeweiligen Autors bzw. Erstellers.

Soweit die Inhalte in diesem Buch nicht vom Betreiber erstellt wurden, werden die Urheberrechte Dritter beachtet. Insbesondere werden Inhalte Dritter als solche gekennzeichnet. Sollten Sie trotzdem auf eine Urheberrechtsverletzung aufmerksam werden, bitten wir um einen entsprechenden Hinweis. Bei Bekanntwerden von Rechtsverletzungen werden wir derartige Inhalte umgehend entfernen.

Fotos und Illustrationen von www.shutterstock.com